场景说服的艺术

人际互动与沟通中的场景影响力

[美] 凯文·霍根 詹姆斯·斯皮克曼 ◎著
成 静 ◎译

新世界出版社
NEW WORLD PRESS

北京版权保护中心引进书版权合同登记号：图字 01-2016-4351 号

图书在版编目（CIP）数据

场景说服的艺术 /（美）凯文·霍根，（美）詹姆斯·斯皮克曼著；成静译.
—北京：新世界出版社，2016.7

ISBN 978-7-5104-5851-4

Ⅰ.①场… Ⅱ.①凯… ②詹… ③成… Ⅲ.①说服－语言艺术－通俗读物 Ⅳ.① H019-49

中国版本图书馆 CIP 数据核字 (2016) 第 147157 号

场景说服的艺术：人际互动与沟通中的场景影响力

作　　者：[美] 凯文·霍根，詹姆斯·斯皮克曼　著
译　　者：成　静
策　　划：中资海派
执行策划：黄　河　桂　林
责任编辑：贾瑞娜
特约编辑：易　新
责任印制：王　雪　李一鸣
出版发行：新世界出版社
社　　址：北京西城区百万庄大街 24 号（100037）
发 行 部：(010) 6899 5968　(010) 6899 8705（传真）
总 编 室：(010) 6899 5424　(010) 6832 6679（传真）
http://www.nwp.cn　　http://www.newworld-press.com
版 权 部：+8610 6899 6306
版权部电子邮箱：frank@nwp.com.cn
印　　刷：深圳市汇亿丰印刷科技有限公司
经　　销：新华书店
开　　本：787mm × 1092mm　1/16
字　　数：180 千
印　　张：14
版　　次：2016 年 7 月第 1 版　2016 年 7 月第 1 次印刷
书　　号：ISBN 978-7-5104-5851-4
定　　价：35.00 元

场景说服听起来可能有一点神秘，但它很可能正是你拿起本书的原因，它能让你彰显与众不同的风格、发掘潜在能力、帮助你推销产品、打造自我特色，就像你挑选本书一样，你的伯乐也会一眼相中你这匹千里马。

献给凯蒂、杰西卡和马克。

——凯文

献给玛丽亚。

——詹姆斯

致中国读者

COVERT PERSUASION

听说自己的新书《场景说服的艺术》即将在中国出版，我非常激动，也非常兴奋。

我对中国人民敬慕已久，原因是多方面的。其中最主要的原因是因为大多数中国人非常勤劳和淳朴。在美国，普通大众的辛苦工作所得在消费之后所剩无几，甚至入不敷出。而大多数中国人民都很节俭，总是省吃俭用，严格自律。

这本书的主题是关于说服力的——你说服我去做或者感受、思考一些事情，我很享受这个被说服的过程。我喜欢购物，喜欢听人们谈论那些他们认为重要的东西，更喜欢他们说服我去相信那些他们认为重要的东西。

关于说服，它本身并没有好坏之分。我们每天都可以感受，但它的发生却很偶然。当我们身处不同的场景中，如餐馆、家庭或旅途中，你和别人所做的决定很可能南辕北辙，每个人都期望听到别人说“是”，可有人却偏偏回答“不”。

墙壁的颜色，干净整洁的居家办公环境，你所选择的书桌位置，坐在桌边的特别的人……这些看起来无关紧要的因素，往往成为影响他人的关键所在，这些微妙的、隐晦的、潜在的影响力，其实正是导致人们作出改变的原因。本书中，你将体验到这些因素的影响力。现在很多人还没有意识到这项看似简单实则难以捉摸的信息的重要性。一旦发现其中奥妙，你的感受就会大不相同。

我并不打算完全依赖文字来改变你的思想，尽管文字很重要，但相对于你从书中汲取的东西它显得苍白无力。

场景说服听起来可能有一点神秘，但它很可能正是你拿起本书的原因，它能让你彰显与众不同的风格、发掘潜在能力、帮助你推销产品、打造自我特色，就像你挑选本书一样，你的伯乐也会一眼相中你这匹千里马。

本书的两位合著者都是正直朴实、致力创造和平世界的人士。尤其对我来说，本书探讨的主题意义非凡，这也正是我同意亲自撰写这封致中国读者信，而不让他人代劳或推脱的原因。它是我专注探究的领域，也是《场景说服的艺术》谈论的所有内容。

中国很可能成为未来世界的领导者。中国人民的敬业精神也是世界上其他民族难以企及的。中国让我充满了向往和期待，很期望在不久的将来能有机会亲自造访中国。

Kevin Hogan

明尼阿波利斯，明尼苏达州

权威推荐

这本书中所蕴含的道理胜过其他许多本书的内容。不论你是否需要说服你的爱人、你的老板、你的客户、你的朋友或是你自己，这本说服技巧秘籍都会令你身手不凡。在竞争激烈的今天，这是一本说服奇才的必备手册，你需要用它来控制各种情况，得到你想要的东西。

——乔·瓦伊塔尔（Joe Vitale）

《引爆吸引力》作者

这部作品一鸣惊人，推开了过去只有心理学专家才可以自由通过的、藏有神话般影响力的大门。现在，普通人读这本书也可学会如何影响他人。如果你希望能影响和说服别人，《场景说服的艺术》绝对是你的必读之物。

——马克·乔伊纳（Mark Joyner）

畅销书《三秒成交》作者

《场景说服的艺术》就像祖母的烹调秘方一样，味美至极，简直就是无价之宝。每一个影响他人的窍门都是一块美味的小点心，让人欲罢不能，吃饱了还想要。两者唯一的区别是，祖母不会透露她的烹调秘方，而霍根和斯皮克曼却向读者揭示了成为影响力大师的所有秘诀。

——艾尔·邓肯（Al Duncan）

职业演说家，《释放你的完美潜能》合著者

读霍根的作品时，你会感觉自己正得到圣者的指点。你希望其他人每次都能作出对你有利的决定吗？那么，这本书正是你想要的。

——戴维·加芬克尔（David Garfinkel）

《助你致富的广告语》作者

本书提供的关于动态销售和沟通的信息，比你穷其一生亲自探索到的经验还要多。好好利用这个优势，认真阅读这本书吧！

——托德·D. 布拉姆森（Todd D. Bramson）

职业理财师，《真正的生活理财计划》作者

当你非常迫切地想得到他人的认可时，《场景说服的艺术》就是你用来建立同盟的最好工具。认真读读这本书吧，就算你永远用不上这些技巧，至少也不会在需要它们的时候感觉自己很蠢，甚至陷入他人的掌控之中。祝贺你踏上影响力的探究之路！好好品味这本书，并用它来为你服务吧。

——本·麦克（Ben Mack）

《事先想好两种产品》作者

作为经营多种服务业务的业主，我十分推崇霍根博士关于影响力艺术的所有作品。借助从霍根博士的课程和书籍中学来的技巧，我多次在商业及法律谈判中取得成功。他的作品真是我的商业影响力圣经！我有一个小图书馆，用来收藏霍根博士的作品，里面书籍的数目已经较为可观，大大方便了我和下属员工的查阅和参考。现在，霍根博士的新作《场景说服的艺术》就要加入我的收藏了，这让我感到十分兴奋。事实上，我一直要求每个新来的团队成员都要读读霍根博士的作品。如果没有霍根博士，我就没法开展工作！

——米歇尔·德拉姆·马特森（Michelle Drum Matteson）

The Razorz Edge 总裁

《场景说服的艺术》以严谨的调查为依据，其"如何去做"模式会令每一个希望成功影响他人且不失道德水准的人感到由衷的满意。

——菲尔·汉密尔顿（Phil Hamilton）

汉密尔顿集团总裁

霍根和斯皮克曼收集了许多有价值的智慧之言，无一不是全世界最优秀的推销员所应具备的第二天性。《场景说服的艺术》对于每个人来说都是一本非常有用的人生指南。

——玛莎·罗杰斯（Martha Rogers）博士

Peppers&Rogers 出版集团的创始人，《顾客至上》合著者

说服你，其实很简单

科特勒集团资深营销顾问　孙路弘

每天，每一个小时，只要你不是孤独地一个人在封闭的空间内，只要你面对其他人，就不得不给别人让步，或者让别人让步。你不能用武器，不能用暴力威胁，当然也不能用钱行贿，因为生活中太多的小事是不值得用暴力，也不值得用钱的。你只有唯一的工具了，那就是让人能够超越一般低级动物的唯一工具：语言。

说话可以实现什么？你希望实现什么？

比如，要说服一个公司的人力资源主管接受你，并录用你；说服你中意的女孩与你交往；说服你的领导接受你的想法，并从内心认可你；说服你的邻居在你长期出差的情况下，能够定期关照一下你的家。有时候需要说服的是大众，比如财政部就需要说服大众接受购买美国国债的确是目前比较安全的投资方式。当然，如果你的说服本事足够强大，可以让其他人竭尽全力地为你筹款，并愿意跟随你。

天下真的有这么容易被说服的人吗？

诚恳地讲，没有！绝对没有！回想一下自己的生活，从你的意识开始独立的那一天起，你就在为父母总是拒绝你的要求而苦恼，要一个玩具遭到打击，连向父母申请一点儿零花钱都遭到拒绝，想玩一会儿游戏都被管制，要求有一个自由的空间都无法得到满足，甚至不能如愿得到想要的生日礼物。

说服别人，学校没有开这门课！没有老师会教学生如何说服别人，如何巧妙地让自己的愿望得到满足。真的没有，小学没有，中学没有，大学也没有。而社会这所“大学”中有，但是需要漫长的时间去学习。没有这门课程，因此，也就没有教科书。好消息是社会大学中有这本教科书，就是你眼前的这本《场景说服的艺术》。

社会上不用学校的数学成绩来论英雄，也不根据作文水平来发工资，更不根据历史知识来决定职位高低。

今天，环顾在中国市场中诞生的这些风云人物：马云、牛根生、柳传志等。他们在不同的领域都取得了非凡的成就，虽然他们在学校时的成绩、学业都不能令人满意，但是他们有不同的长项，这些长项中有一个是共同的，那就是他们都有超强的说服力！他们会说服别人，他们会让你在不知不觉中信服他们的想法，信服他们指出的道路。于是，那么多人跟随他们投入到他们的事业中，成就了他们卓越的人生。就是因为他们会说服，他们有影响力，更加重要的是，他们的影响力是通过说话的方式获得的，是说出来的影响力。他们的成功依靠的就是说服人的本事。

眼前这本书中的说服技巧具备很高的实战价值：

- ◆ 包括了 55 条隐秘说服实战技巧
- ◆ 总结了 27 项观察人们后得到的隐秘说服现象
- ◆ 提供了讲故事隐秘说服别人的 20 个关键技巧
- ◆ 列举了 12 个最常用的有说服力的词汇

说服别人首先要透彻了解人们在说话交流时的心理状况，因此，需要丰富的心理学知识。作者凯文·霍根对心理学有长期的研究，通过研究，他发现了大量的规律，并将这些规律运用到实践中，获得了很好的效果。由于依托于心理学研究，所以，他的说服技巧往往是隐秘的，被说服的人在不知不觉中就顺从了，并做出了对方期待的行动。

这些技巧被家长用于说服孩子是应该的，但是，如果孩子掌握了之后，成功说服家长就有一点儿让人担忧了。作者是虔诚的，在开篇就强调保持道德纯洁的重要性。说服技巧本身不存在道德感，就看运用于什么样的目的，目的是有道德的。

一本书也许不能改变你的一生，但至少可以改变你几天。本书就是这样，如果改变的这几天让你快乐，那么这个改变就会延续更长的时间，你就是这本书的受益者。

如果你愿意，读完这本书后请写信给我，试图运用其中的技巧说服我，让我将我珍藏的作品分享给你。同时，也体会一下自己对说服技巧的掌握程度，当然，我也会对你的说服技巧进行点评。如果你认为你读懂了这本书，真的理解了其中的奥妙，并能够运用自如，那就放马过来，写一封邮件给我。我的邮件地址是 yes4you@gmail.com。有来有往，来信皆复。

前　言

让销售额翻3倍的营销说服话术

怎样说服他人买你的东西，心甘情愿地为你工作，或为你支持的人投上一票？答案就在本书中。《场景说服的艺术》以详细的调查为根据，综合了多个领域的研究成果，总结出了一些新的结论，旨在帮助读者更加持久而有效地说服他人，影响他人。

《场景说服的艺术》的首要目标是向读者传授影响他人的技巧和策略。这些技巧和策略具有隐秘性，能够帮助读者修炼不知不觉说服别人的功力。在生活和工作中经常运用这些技巧，对你最终获得成功将会有极大的帮助。

《场景说服的艺术》旨在告诉读者如何在特定情境下对人们的行为进行精准预测。

纵观历史，人们曾无数次地试图将人类进行分类，想要更好地理解并预见人类的行为。在高速发展的心理学、哲学、神经语言程序学（Neuro-Linguistic Programming，NLP）、消费者行为学及商业理论领域，涌现了一些致力于此的传奇人物。从柏拉图（Plato）、弗洛伊德（Freud）、荣格（Jung）、B. F. 斯金纳（B. F. Skinner）、卡尔·罗杰斯（Carl Rogers）、威廉·詹姆斯（William James）、亚伯拉罕·马斯洛（Abraham Maslow），到当代心理学、商业及广告界的名人，这些才华横溢的人试图用一些奇妙的方法解释人类共有的想法和决策方式，目的是为了说服、控制或者操纵我们。

相关的分类依据有麦氏人格类型量表（Myers Briggs Type Indicator，MBTI）、赫曼全脑优势测量工具（Hermann Brain Dominance Indicator，HBDI）、语言和行为剖析档案（Language and Behavioral Profile）。除此之外，还有数不清的性格测试，能够测出你是否适合做销售工作。对人的划分也有多种形式，如九型人格（The Personality Enneagram），还有四类标准划分法，即把人分为思考者、协调者、社交者和指挥者四种不同的类型。

还有一个广为人知的理论，那就是所有的人类行为都出自趋利避害的本能。真的有这么简单吗？我们将在后面的文章中讨论这个问题。

你现在拥有什么？你想要得到什么？你期待成为何人？你追求的事业期望获得哪些成就？…… 所有这些，都必须通过说服他人配合才能得以实现。生活其实就是不断地**说服**！

在语言研究领域，几乎人人都相信，一个人所使用的语言决定了他所拥有的情感体验，即人类的情绪是受语言支配的。这一结论由来已久，可以追溯到20世纪50年代，并以此为中心形成了一系列强有力的原则，指导人们如何对他人施加影响。这一结论很多时候的确适用，但在某些情况下也可能导致分析的偏差。

我们生活的世界归根结底就是影响力的世界。营销商和广告商绞尽脑汁，想要了解我们每一个人。他们每年不惜花费数亿美元来吸引我们的注意，说服我们购买他们的产品或者服务，试用他们的样品，为他们支持的人投上一票，或者是为他们效力。在美国，每年每人收到的推销和广告信息的价值就超过3 200美元！

我们在本书中列出了大量影响他人的隐秘技巧。包括最初采用自我对话的方式建立影响他人所必需的自信，所有与你的“目标人物”直接沟通，并最终说服他的办法都囊括在此。我们研究所得的全部技巧都供你使用。

我们在广泛的领域对影响力进行研究（包括社会心理学、神经语言程序测验、语言研究、创造性思维、销售技巧、商业沟通技巧及人际沟通技巧等），总结出大量结论。通过阅读本书，你将拥有全新的视野，足以影响或改变你原有的沟通方式。

书中还介绍了许多理解他人的方法，以及用提问方式影响他人想法和行为的威力。

我们的目标是将每位读者的影响力水平提升到专家水准，从而使读者能够得到比自己想要的更多的东西。假设你是一名销售人员，如果能在每天的工作中积极地、持续地应用这些技巧，你就等于拥有了得心应手的工具，销售额翻番甚至翻3倍也不在话下。这听上去似乎有点异想天开，但事实会证明这是真的。

企业职员在日常工作中需要说服同事和下属，有时甚至需要使上司赞同自己的意见，那就接着读下去吧。你会发现很多随手可用的技巧，不知不觉就能达到影响他人的目的。

《场景说服的艺术》是一本难能可贵的行动宝典，它提供了一系列被证明行之有效的影响方法和技巧，能够帮助你专注于自己想要的东西，快速达到自己的目标。

人的行为会受到各种激励因素的驱动和影响，但却很少有人能够成功地把握这些激励因素。

使用本书介绍的技巧，包括独特的隐秘观察力和巧妙的提问方式，你能够轻而易举地猜透别人的心思，继而运用一系列说服技巧来引导他们的想法和行为，朝着你的目标不断前进。

敬告读者

本书所阐述的说服技巧必须以正当的方式运用于正当的目的。就好像锤子原本是用来将钉子钉到木头里的，但它也可能成为砸破别人脑袋的凶器。我们归纳这些技巧是为了帮助读者在职业生涯和日常生活中增强自己的影响力，而不希望它们被用于其他罪恶的或者不道德的目的。

另外，我们还会专门教给你一些在工作和生活中用得到的、具有极强说服力的话语。再结合一些有力的事例，你就能随心所欲地影响别人了。

本书讲解说服技巧大都采用开门见山的方式，极大地方便你学习与掌握。很多事情往往在瞬间发生，本书能够帮助你最大限度地减少对方的抵抗，迅速达到目的。

在继续影响力的话题之前，我们还想谈谈本书是否遵守道德的问题。也许有人会说这项研究过于狭隘自私，对此我们强烈反对。因为事实恰好相反，在对他人施加影响的同时，我们也尽了最大努力为对方着想，努力达到最佳局面。下页的模型说明图说明了隐秘说服的目的。

这种“说服模型”比以往所谓的“双赢模型”(其实我们应该改称它为“双输模型”才对）要好得多。从图中我们可以清楚地看到，在相互妥协、寻求一致的过程中，双方的利益都必然会受到损害。

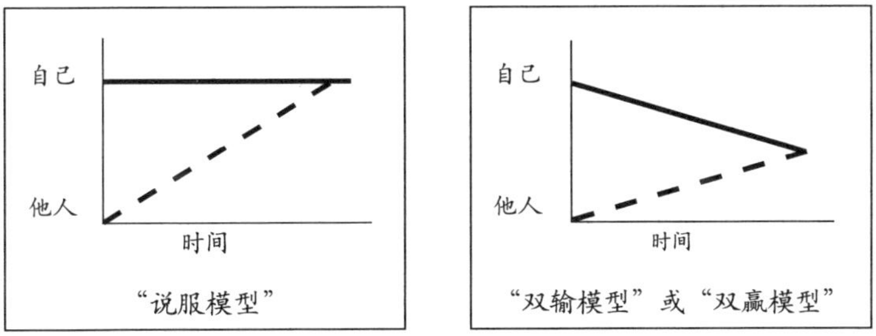

图 I.1 说服模型显示出了主动影响与被动妥协相比所具有的优势

本书介绍的方法和策略可以帮助你巧妙而隐秘地说服他人、影响他人，从而成功达到自己的目标。运用这些方法，你并不需要付出更多时间，也无须作出任何妥协和让步。

那么隐秘说服与让步妥协哪一个更好呢？答案是显而易见的。

我们将介绍一些效果显著的隐秘说服方法，包括动之以情，或以结构严谨、考虑周密、指向明确的提问引导对方等。

在全书接近尾声的时候，你将会读到 27 个关于人类特性的基本判断，它们可以帮助你更好地探测自己的内心，同时摸清潜在顾客与现有顾客的心思。

哦，差点忘了。你还将有意外的收获！本书遍布隐秘说服策略，所有这些策略都非常具体，能够帮助你有效提高说服和影响他人的能力。无论是在推销、投资还是个人理财方面，如果你最大限度地使用了其中任何一个技巧，都可以轻轻松松增值自己的财富。如果你想要的结果并不能用金钱来衡量，使用其中的任何一个技巧，也都会带给你感受、情绪或者其他方面的回报。

现在，我们要把这本超值的书献给你。

让我们开始吧！

目录

第 1 章　说服，从读懂他人的心理开始　1

要说服别人，首先要理解他或她的真实想法，并了解有哪些激励和推动他们的因素。然后在适当的时间说适当的话改变他或她的想法，这当然需要先读懂他或她的心理，然后说出他们爱听的话。

说服，与道德无关　3
有效暗示会改变顾客的想法　4
别人抵触时怎么办？　5
快速说服客户的 8 个步骤　6

第 2 章　让人说“YES”的隐秘招术　9

当你知道人是如何作决定的，并且知道他或她最关注的是什么，你就能通过适当的方法影响他人，让人不由自主地说“YES”！

如何让人从说“不”到说“是”？　10
降低心理抗拒的欧米伽策略　14
说服，先从消除成见开始　17
如何说服容易轻信或多疑的人？　20

第 3 章　如何让别人跟着你的思维走？　23

说服顾客很有挑战性，关键技巧是让他没时间考虑是“这个好”还是“那个好”。否则他们总会这山望着那山高，从而对购买行为犹豫不决。最后别忘了将顾客的决定白纸黑字地写下来，让他的想法不再改变。

人总会这山望着那山高　24
用免费体验打动他　27
说服之前先想好他的行为剧本　28
如何改变别人的固有信念？　31
让别人的想法始终与你同步　35
人有时候会认“死理”　37
怎样让顾客的想法不再改变？　39

第 4 章　55 条隐秘技巧，让人不知不觉听你的　41

只要你认真阅读并积极应用这 55 条极具效果的实用技巧，你会在任何场景下说服任何人。说出你想说的，得到你想要的，这就是本章所要带给你的。

隐秘说服的 55 条实战技巧　42
说服之后，就别让他反悔　96

第 5 章　场景说服中那些具有魔力的词汇　101

平常多留意人们描述个人工作、生活经历时最常用的词汇及他们当时的感受，然后将你认为最有说服力的词汇列成一份清单。经常翻翻这份清单，当你需要说服他人时，你就会自然而然地选择恰当的词语。

不同的词汇，不一样的感受　104
自我评估测验　105

第 6 章　心中有目标，说服更有效　107

当你预先设定好目标，并坚定地朝实现目标努力时，你的影响力会更强大，成功说服他人的概率会成倍增长。因为这一切源于你的内心，你的自主意识是一切成功的源头！

成功只因专注于结果　109
幸运不会从天而降　110
咬定目标决不放松　110
自信会让你拥有不一般的魅力　111
别让自己有丝毫懈怠　111
时刻让自己精神抖擞　112
预测他人行动时要有前瞻性　113
别让你的内心飘忽不定　113
用矩阵图管理事情的轻重缓急　114
专题：清除受害者病毒心理　116

第 7 章　讲故事隐秘说服，让人不自觉地赞同你　123

只要你将故事讲的活灵活现，一个没有跌宕起伏情节的故事也可吸引人，从而让听故事的人有如身临其境。当他被故事迷住时，就会不由自主地认可你所说的，而这正是你想要的结果！

千万别让你的故事成为“催眠剂”　124

20 条法则，助你抓住听众的心 126
教你活灵活现讲故事的案例 135

第 8 章 场景说服进阶技能——如何提问？ 147

寻找适当的时机提出带有感情色彩的问题，听到的人会不由自主地回答你。只要他们“中计”，你就可藉此提高个人魅力和说服力，从而使他们愿意买你的账，购买你的产品和服务。

抢占人云亦云的心理制高点 148
请选好提问时机 150
不要问让自己沮丧的问题 151
设计问题链，让提问效力倍增 152
千万别小瞧“因为” 152
提问需知的 10 大优点 153
不可不知的 6 大提问技巧 155
提问前先理清思路 157
用问题隐秘影响他的思维 158
同样的问题为什么答案不同 159
用恐吓性问题让他屈服 160

第 9 章 场景说服最高境界——以情动人 161

用情感说服比用事实说服要有效得多。因为事实本身是冰冷的，而情感却可击中人们内心最柔软的部分。请记住，任何时候，无论人的内心多么坚硬，但感情总是脆弱的！

让人潸然泪下的萨拉 162
你不可不知的情感攻心技巧 164

第10章 27项观察结论及说服方法 167

与你分享27项观察结论，共同体验人在不同场景下的思考方式和行为，学会如何悄悄说服不同场景下的不同人。

27项现象及说服方法解密 168

第11章 最后的叮嘱 181

说服的最基本目标是使说服对象从原先的立场改变为你希望的立场。这要求你在每次说服开始前，准确估计对方的立场和心态，然后专注于目标，达到自己想达到的目的。

勇敢作出决定 183
保持好奇 185

附录1 场景说服工作表 186
附录2 场景说服词汇表 187
附录3 场景说服问题清单 189
附录4 催眠语言模式清单 191
致　谢 193
译后记 195

第1章

说服，从读懂他人的心理开始

COVERT PERSUASION

要说服别人，首先要理解他或她的真实想法，并了解有哪些激励和推动他们的因素。然后在适当的时间说适当的话改变他或她的想法，这当然需要先读懂他或她的心理，然后说出他们爱听的话。

有关研究人类大脑如何运作的著作可谓汗牛充栋，人们提出了各种各样不同的理论和观点来探索人类是如何思考的。然而，有一点是确定无疑的：**如果你想要说服别人遵从你的想法，那么你首先必须学会理解别人的想法**。在意义、感受和理解等方面发生“融合”，这既是成功说服别人的起点，也是最终要到达的彼岸。

那么我们该如何来建立这种思维融合呢？怎样才能让我们隐秘说服别人的技巧不断趋向纯熟，具备超凡的说服力呢？答案是你首先得弄清楚激励和驱动人的因素究竟有哪些。知道了这些，你的想法和需要就能毫不费力地被其他人迅速接受。他们会把你看做知己，从而不由自主地按照你的要求去做。

让我们先来看看“隐秘”和“说服”到底有哪些含义。通过理解这两个重要词汇的组合可以学到很多东西。让我们看看它们分别是什么意思。

隐秘的（Covert，形容词）：隐蔽的、被藏起来的、秘密的。

说服（Persuade，动词）：(1) 通过辩论、说理或者恳求促使某人做某事；(2) 通过说理或者引诱拉拢某人；(3) 使某人相信或者信服某事。

说服（Persuasion，名词）：说服的行为。

通过定义我们可以看到，“隐秘的”事情一般是看不出来的，藏匿于一般视野之外。当我们要隐秘地说服某人做某事的时候，要避开他们对你试图说服他这一意图的警觉。

这本书就是关于如何绕过人类思维的某些因素，不知不觉将人说服。这些因素包括抵触情绪和反抗意识。当一个人发出信息，而信息的接收者没有什么意见和疑问的时候，这个过程就完成了。

有的时候，隐秘说服是关于“状态”的操纵与管理。别人的思想状态是什么样的？读完此书你就能够回答了。比如说，你是一位销售人员，你的销售对象并非只能买你的产品，但你最终说服他有购买意愿。但是有购买意愿并非隐秘说服成功。因为一个没钱的人也可以轻易地被说服，变得具有购买意愿，但问题是他没有钱。

说服，与道德无关

许多人问我们“说服”某人去做某事是否违背道德，答案当然是“不”。它不仅是道德的，而且是必要的。我们的经济（包括家庭和工作）得以正常运转正是因为人们被说服而去购买、尝试、投票或捐赠。我们周围每天都有无数的信息在交流碰撞，它们被设计出来试图影响你我的行为。

其实道德与否取决于试图说服别人的说服者的人品。我们通过研究揭示并且创造出几百条具体的说服技巧，它们都行之有效。如果有道德地使用它们，每个人都会从中得到好处。因此，说服真的是与道德无关。

有效暗示会改变顾客的想法

隐秘说服力就是使你的客户或顾客的想法发生某些改变，而他们并没有意识到的一种力量。要促成这种变化，一个最有效的办法就是恰如其分地进行暗示，给予建议。在正确的时间说正确的话，这足以改变一个人的想法，甚至他的生活。

20 世纪 70 年代，伊丽莎白·洛夫特斯（Elizabeth Loftus）曾做过一个实验。参加实验的人们观看了一场车祸的幻灯片。其中一张幻灯片里有一辆红色的达特桑跑车停在一个黄色的让行牌旁。

然后有人提问："你有没有看见别的车经过停车牌旁边的达特桑？"结果大部分人都记成了达特桑旁有一个停车牌，而不是让行牌。研究人员的口头信息、选用的词汇以及提问方式改变了人们对于所见的记忆。有效暗示之于隐秘说服力的作用，由此可见一斑。

研究发现，权威人士的言语常常可以改变一个人对事物的印象，从而产生新的印象。这就意味着"谁说的"往往会影响人们的判断。设想一下，你和客户谈话时，引用他所熟知的权威人士的话会怎么样。"听说你崇拜波诺。知道吗，他说过……"然后奇迹就发生了。

我们隐秘说服顾客的目的就是要向顾客进行某些暗示或改变他的印象，让他们有所行动（比如购买产品、进行尝试、捐赠或投票等）。**使用恰当且有力的词语，加上巧妙的提问方式就可以操纵别人的想法，最后顾客就照着我们希望的那样做了。**

别人抵触时怎么办？

每个人都会不自觉地抵触那些自己不相信或害怕的东西，当你向顾客推销他未使用过的新产品时，有必要用新的信息向他描述他未曾了解的新场景，帮他建立新的看法。当他有新的看法时，意味着你将受益，让你的产品或服务能顺利销售出去，这是因为你帮助顾客描绘了他未来所处的生动场景。

但是在与顾客描述那些生动场景前，你首先要与他们聊聊他们可能会抵触之处。无论何种原因引起他们的抵触心理（包括无意识的抵触），你都要与顾客开诚布公地谈一谈。在大多数情况下，如果不能马上消除顾客的抵触情绪，你最好先附和他们的看法。

因为人总是易于接受与自己看法一致的意见或态度，也会马上和自己观点不一致的人进行争论。了解你要说服对象的所思所想，你才能找到说服他们的方式。另外，当他对某一事物有抵触或不同看法时，千万别让他将自己的观点先说出来，因为他将自己的观点说出来或写出来后，很容易固化他的原有观点。到时你即便有很充分的证据证明他的观点不对，但你也很难让他作出改变。所以，在别人有 抵触情绪时要怎么办呢？一定要采取更有技巧的说服方法，让有抵触情绪的人接受你的说服。

隐秘说服诀窍

当你赞同对方的观点时，他的抵触情绪就减轻了要学会肯定别人的观点。

快速说服客户的 8 个步骤

步骤 1 设想问题或处境

这个问题或处境是你的客户不想再经历的困境，比如成本过高、人员流动性大、存货受损、投放的广告无效等，任何不顺的事情（但却是你的产品或者服务恰好能够解决的）都能成为说服的理由。

步骤 2 让你的客户知道问题的后果

告诉他如果任凭这种情况发展下去，最终将会给他带来许多难以承受的损失。这条策略有强大的心理学原理支撑。也就是在开始谈论可能的解决方法，告诉他你的产品或服务能够帮助他之前，先触到对方的痛处。

步骤 3 套出他心中的期望值

这对促使他作出新的选择是非常关键的。有时你只需要提一些简单的问题就可以对他作出提示，比如说“你希望出现什么样的情况？”或者“比那更好的是什么？”或者“对你来说，什么才是最好的结果？”

步骤 4 让他知道新选择的好处

这对于帮助他接受这一新的结果是很重要的。这一步也需要通过提问来完成。同样非常简单，比如说“这个新的选择对你和你的公司会产生什么样的意义？”他们在回答你问题的时候，思维开始发生转变，朝着你的产品或服务靠拢了。

步骤 5 确定这就是他想要的

有时你的客户可能会说一些言不由衷或他们认为你想听的话。此时你必须在内心作出正确的判断：他们说的是不是真话？如果他们没有真诚对待你，或用行动来配合你，比如同意与你合作并做出相关安排，那么你之前的说服就未起到任何作用。

步骤 6 让客户满意新的选择

任何一次交易失误都会对你以及你公司的名誉带来损害，你得让顾客从你的产品和服务中得到真正的好处。所以，一定要确保每一笔买卖都是真诚可靠的。

步骤 7 别轻易放弃

当你初次拜访客户时，如他的态度冷淡，先不要泄气，也不要轻易放弃。他也许只是和你持有不同的观点而已，毕竟你们两个是第一次见面。你需要一些时间来理解你的客户并且和他沟通。一旦你这样做了，就会发现他的反应积极多了，并且会一一回应你。

步骤 8 别对他说“你错了”

虽说：“顾客就是上帝！”也许这句话并不完全正确，但是它却能为你敲响警钟。试想如果有人说你错了，你会有什么感受呢？你很可能会产生抵触情绪，并且努力证明自己是对的，最后可能更加坚持原来的想法。你的顾客也一样。所以永远也不要说他们是错的，或者去年买了你竞争对手的产品真是一个错误。否则，你的顾客会立刻开始怀疑购买你的产品会不会也是一个错误。

第2章

让人说“YES”的隐秘招术

COVERT PERSUASION

当你知道人是如何作决定的，并且知道他或她最关注的是什么，你就能通过适当的方法影响他人，让人不由自主地说“YES”！

如何让人从说“不”到说“是”？

人们往往说“不”只是一个下意识的反应，并没有什么特别意义。有时候他们自己也不知道为什么要说“不”，不知道自己为何这样做。因为人的行为有时不完全受大脑控制。

要学会影响别人，你首先要明白人是如何作决定，如何保存过去印象及看待未来的。许多人都容易忽略这点，也正因为如此，对大多数人而言，成功说服别人的次数就如买彩票一样，纯属碰运气。现在我们来看一个例子：

> 假设你正在享受一个热水浴，舒适的享受了 20 分钟后水突然变冷了，你着急地反复调试水温，但水温始终未升高。你马上想到这屋子里可能有其他人在用热水，一想到这你立刻结束了这次热水浴。即便过了半年，当你再回想这次热水浴时，仍然气愤难平。因为在你的印象里，这次热水浴相当糟糕，你会完全忘记之前曾享受过 20 分钟。假如第二天你同样洗热水浴，因为担心别人用热水，所以洗得很快，只花

了 5 分钟。虽然享受的时间很短,但是水很温暖,感觉很舒适。

几天后你回想起来,仍然感觉非常棒,尽管你只享受了 5 分钟。

看,这就是人们保存记忆的方式。

下面再看另外一个例子,假如你成家后将主要精力用于工作和做家务,和你的另一半很少有浪漫的互动。然后你们的关系开始恶化,甚至争吵和动手。唉,这样的家庭真是糟糕,你试着与你的另一半建立一种崭新的关系。但是没能成功,争吵反而升级了。这时你对你的家庭未来开始悲观,接下来的日子你可能会不停地对别人说:“真是难以置信,我竟然在这种关系下生活了 25 年!”。

从上面的例子可以看出,人们总是能记住一些极端的体验,尤其是那些特别不好的经历,而且对事情结果的记忆特别深刻。因此我们从这点可找到一些说服人的路径:

当你与顾客谈到竞争对手的情况时,一定要想办法引导他回想一些非常不好的经历(如果他对你的竞争对手完全满意的话,就不会有时间再见你了)。

如果需要改变顾客的想法,最好的办法是让他先说出那些好或不好的极端体验,比如买到满意或非常不满意产品的经历。

另外,人们对自己的未来并非特别明确,甚至不知道自己真正期待的事情发生时会是什么感觉。也正因为如此,大多数人对未来总会有一种本能的恐惧,因此常会不由自主地说“不”。明白了这点,如果你能让人对未来有安全感,你就会轻易说服别人。记住:这可能是你从本书中学到的最重要的信息!

你会发现在交流、劝说,还有你的工作和人际关系中,记住以上几点非常重要。

接着来看另外一种情形,你是否曾有过这样的经历?当你和某人聊天，他对你说：“你怎么提起这个呢？”

“我没说啊！”

“你说了，我听到了。”

“我没有！”

后来，当单独跟别人聊天或者在写日记时，提起那天晚上，你们都会将对方说成白痴或没脑子的笨蛋。

很显然，你们两个当中一定有一个错了，但是你们都一口咬定自己是正确的。要想弄个水落石出基本不可能，这是记忆带来的问题。人的大脑有时会产生一些幻觉。每个人都曾有过这样的经历，认为自己听到或看到了一些实际上并没有听到或看到的事情。然而你却不能容忍别人也有自己的感受，即使他们当时也在那里（在场每个人的记忆都可能不同）。

既然你自己都不指望你的大脑记住30秒之前发生的事，又凭什么指望它如实地记住过去的事呢？答案是：你不能，但只有你自己明白这一点。如果你读了每个星期通过电子信箱发给你的电子杂志：《和凯文·霍根一起喝咖啡》（通过www.kevinhogan.com订阅），你就会明白这个道理，然而另一个人却没有读这份电子杂志。怎么办呢？你要么对此不予理睬，要么给他讲一个关于神经系统的实验。你可以这样开始：

> 在最近一项研究中，那些需要做结肠镜检查的人被分成两组。在检查过程中，他们必须按照固定的时间间隔汇报自己的难受程度。检查结束时，其中一组把镜子取出之前，让它在身体里静止不动并多待1分钟；而另一组则是检查完就把镜子取出来。
>
> 结果是两组参与者对于结肠镜检查的回忆非常不一样。

镜子在体内待的时间长的那一组，觉得结肠镜检查“没那么糟糕”，而另外一组则觉得“糟糕透了”。

从上面的实验可得出一个结论：当人们需要定期实时汇报某一事件的真实感受时（不是等到晚上用日记来记录），人的记忆总是记录下事件的最后结果而非整个过程。因为人总能记住事件最后结束时的感受，并以此作为整个事件全部的印象。所以在进行一个完整的说服过程时，你要清楚知道你的说服对象并不一定记住了你之前所说，他们仅依靠自己的记忆记录，而那准不准确无所谓。你只需在最后向他明确指出，如果他不按照你所说的那样去做，将会导致何种可怕后果（如同他曾经经历过的痛苦结果）。因此要让人从说“不”到说“是”，你需要做的是：你必须让他明白，他之前的决定与你所希望的两种不同的决定，将会如何导致两种不同的结果。

现在你可以理解那些在股票市场上赔了钱的人，为什么不愿意离开股市了吧？不幸的是，如果他们继续待在那里很可能会破产。但你不能简单地让他们忘记过去，而是应该指出他们赔钱的事还可能再次发生。因为环境没彻底改变，所以赔钱的结果很可能再次出现。

研究结果表明，你想要成功说服对方，就必须指出最好与最坏两种可能的结果。否则，他不会理性地选择，而会跟着自己的感觉走。如果你不向你的说服对象说明这两种可能结果的话，就很难说服他们相信你。你要清楚地向他描述一下未来的情况。但这个描述如果不着边际，可能你们两个都会失败。对方会认为自己被忽悠了。如果你说的实际一点，那么他就很可能会适当地给予配合。

想想看，股市崩盘了，泰坦尼克号沉没了，世贸大厦坍塌了，但这并不能阻止新的股市得以重建，新的航船扬帆远行，新的大楼拔地而起。事实上，在游戏开始的时候输，才能够使你接着更加努力地去赢回来。

这点你必须对客户说明。如果你使用了上面的比喻，他们会更加容易接受你的说法。千万不要让过去的坏结果把你的客户吓跑了。

降低心理抗拒的欧米伽策略

诺尔斯（Knowles）、克劳弗德（Crawford）和林（Linn），听起来像一个律师团，但事实上是阿肯色州立大学的一个教授团队。在过去几年里，他们做了大量关于如何在沟通中减少对方抵触心理的研究。这个研究对我影响很大，要想减少别人的抵抗，必须运用好他们提出的“欧米伽策略”。**“欧米伽策略”是一种劝说的策略，它并不试图夸大产品的价值，而是在劝说过程中尽量减少对抗和抵制。**

知道共赢的好处是一回事，知道如何以及何时共赢却是另外一回事。知道请人帮忙可以更有效地劝服别人与知道何时以及如何请求又是两码事。我会教给你一些在交流中影响别人的技巧，也会告诉你哪些事情不能做。

“儿子，这样做会害死你自己的。”妈妈说，结果儿子一转身又那样干了——还记得吗？

这位妈妈和多数人一样忽略了一个关键因素。下面重点讲一下。

几十年的研究成果表明，要想影响别人或取得别人的配合，必须要有具体的指令。**如果你试图指导或者影响别人的行为，就要给出一些可执行的指令或者步骤。**简单地告诉他不要做某事、“找份工作”、“规矩一点”或者“闭嘴”是注定会失败的，因为这些都不是具体指令。

这对你来说意味着什么呢？就是你必须领着你的说服对象一步

一步地走，然后把他们带到你希望他们打开的那扇门前。任何事情少了这个程序，无论是短期还是长远来看都不可能取得成功。

我本来可以在这里详细介绍并深入分析一下全部的研究，但最终还是把它们放在我最新的影响力科学光盘计划（Science of Influence CD program）中。你们现在可以从 www.kevinhogan.com 上查到。在这里，我想用另外一个技巧吸引你的注意（你集中注意力了吗），它极其有效，而且线索明显地写在脸上，那就是：恐惧。

恐惧会令我们极度紧张，准备进行搏斗或者尽力避开。我们总是试图征服或者克服内心那种不理性的恐惧，没有人希望感到恐惧。但恐惧却能以独特有效的方式来激发人们。

“如果你发生性行为时不用避孕套，很可能会感染艾滋病！”这种劝说也许会引起恐惧，也许不会。它也许会使别人做事小心一些，但也很可能根本不起作用。“艾滋病”这个词在这里意味着“意外”，但由于被过度使用，公众好像已经对它产生了免疫。

“设想一下，如果你继续抽烟的话，你的儿孙就只能站在你的棺材旁边大哭，因为他们再也不能跟你说话了。你一直在用烟草进行慢性自杀，脸庞已经干枯萎缩，他们再也想不起你原来的样子了。”

对于大多数有孩子的人来说，这是一个可怕的场景（这就是用恐惧说服的力量）。让我们继续劝说：

“如果你这个月减少到每天只抽半包烟，然后下个月每天只抽 1 支，最后完全戒掉，那时你就会健康快乐地和孙子们一起享受天伦之乐了，这不是很好吗？”

我们的朋友着实被吓到了，而且我们还给了他一系列具体的指示。这就很有说服力了。吸烟者已经听了无数次劝他们戒烟的话，耳朵都起了老茧，不再理会你的请求了。这时该怎么办呢？

这样做道德吗？这是个很有趣的问题，关于这个题目，已经有人出书专门作了研究。我并不知道这个问题的答案，但是我很高兴能对此进行研究。一个很好的经验法则就是坚持按照你的交流对象最感兴趣的方式去做。

道理其实很简单。**如果你想要利用恐惧的力量来改变别人的行为或者使别人买你的产品，接受你的创意或者服务，就必须一步一步地进行指引，这样才能取得成功。**

如果摆在一个人面前有两件可能引起他恐惧或者焦虑的事，将会出现什么样的情况呢？过去几年里，学者们一直在研究关于“预期的懊悔”这个课题，他们邀请了加州大学洛杉矶分校的164名学生参与这个实验，让他们设想以下场景：

> 你把车停在停车场里，然后冲向教室参加一场考试。这场考试很重要，你不想迟到。然而刚走到一半，你忽然意识到，自己也许忘了锁车。
>
> 在实验中，一半的学生被要求设想一下，如果他们返回去锁车，却发现车子已经锁好，而自己却误了考试，这时他们会有什么样的感受。另外一半学生则需要想象如果他们没有回去锁车，而是先去参加考试，等回来的时候发现车子被偷了，自己会怎么想？

然后所有的学生都被问到，如果他们身在那种情境下，会回去锁车还是先去参加考试。在那些被要求设想“没有锁车”的学生当中，

69%的人说他们会回去看看车子有没有锁好。而那些设想“误了考试”的人当中，只有 34.5%的人说他们会回去检查车子有没有锁好。而在控制组（控制组就是对照组，除了不接受实验处理，其他都跟实验组基本保持一致，以此来平衡无关变量。在这个试验当中，具体指让一组学生在不经历事先想象程序的情况下，直接说出自己的选择）中，46%的人都说会回去锁车。

总的来说，那些按照要求经历某种“懊悔”的学生说他们会尽力做得好一点，以避免这种事情真的发生。

我们都知道，在现实生活当中，人们说他们要做什么和他们事实上做了什么往往是两回事。后来的一些研究证实了这一点。一旦人们经历了某种预期的懊悔，他们就会倾向于采取行动阻止这种懊悔的产生。要想做一个对别人有影响力的人，这点一定要牢记。

说服，先从消除成见开始

当我们试图说服某些持有不同观念的人时，就会发现这些信仰或观念就好像强力胶一样牢牢黏附在他们的头脑里。

谁都希望自己被人接纳，自己的产品或服务得到顾客的认可，但很多时候他们对我们本人或者我们的产品和服务抱有某种成见。这时我们就要努力消除他们的成见，并通过有力的证据证明我们才是他们的最佳选择。然而，即使证据再清楚不过，顾客也不一定会买我们的账——我们正面临一场难打的仗。

究竟有多难呢？我们知道，即使反面证据确凿，有些人仍然坚定地拥护某个政党或者坚持某种信念。可想而知，我们的任务是多么艰巨了！

在 1996 年的美国总统竞选中，加利福尼亚州的鲍勃·多尔（Bob

Dole）希望我站在他那一边。但是我拒绝了。记得当时共和党的竞选宣言曾提到，香烟对人体的危害并不那么大（这是我将其简化后的表述）。公众会那么愚蠢吗？我们都知道烟草公司为多尔竞选总统赞助了大量金钱，因此，多尔的竞选团队才会对香烟的危害轻描淡写。而我不屑于与这样的人和事有瓜葛。

隐秘说服诀窍

如果人们不使用你的产品或者服务，有可能是他们曾有糟糕的购买体验，写下你能想到的 10 种坏情况。换句话说，你得想办法利用“预期的懊悔”。

我坚信，试图淡化香烟对人体的危害是不对的。我难以接受他们的观点，因而果断地拒绝了多尔的邀请。顺便说一句，其实我对鲍勃·多尔一点儿也不排斥，只是这件事触碰到我的道德底线罢了。

一个人的政治与宗教信仰有多坚贞，从他对待不同信仰的人的抵制程度中就能看出来。抵制越强烈，其信仰也就越坚定。一旦人们的信仰化为一种情感，他人就很难通过逻辑或事实来说服他们改变了。要削弱既存的信仰，单靠逻辑和事实往往很难实现，只有依靠其他信仰的力量，才有可能实现。

但那些并不是很坚定的信仰或观念会怎么样呢？如果这个信仰并不是关乎加入民主党或共和党，信仰天主教还是犹太教这样的重大问题，并没有卷入过多的感情因素，可否在理解对方所想之后改变呢？

有人曾作过关于消防队员在工作中成功与否需具备哪些特质的

调查，分别给 2 组人 2 份简短的描述或问卷。给其中一组的资料中有充足的证据证明，好的消防队员都是爱冒险的人；而另外一组人的资料上说那些不好的消防队员往往爱冒险。接着研究者告诉他们这些信息“完全是编造的，混乱的，没有任何证据证明哪种说法更可靠。”结果怎么样呢？那些被告知好的消防员善于冒险的人仍然相信这个观点，而那些被告知好的消防员不爱冒险的人也坚持他们已经相信了的东西。没有任何改变。在后续研究中，参与者被问到为什么他们会相信手中的材料，又是为什么当别人告诉他们这些材料并不确切的时候，原先的观点反而被加深了？

有趣的是：参与者并不认为自己持这种观点是因为他们参与了这个实验。许多人甚至都不记得他们是在一次实验中接受这些信息的。现在，还有一个关于人类观念的可怕发现。

调查一下参与者认为死刑对谋杀行为是否有威慑作用，按照赞成和反对分成两组。然后发给每个人一篇文章。两个组中，有一半的人拿到的文章称，在那些死刑被写入法律的国家中，谋杀犯罪率通常都下降了。而另外一半人拿到的文章称，在执行死刑的国家中，谋杀犯罪率并没有下降。

结果呢？参与者的观念发生了极大改变，但不是变得倾向他们手中的材料，而是与之相反。那些一开始就认为死刑可以威慑谋杀犯罪的人，即便拿到的材料说死刑不能减少谋杀，也会更加坚持他们原来的观点。

在下面几章中，我会告诉你一些关于信念的常识，比如它们为什么如此牢固。而且，我还会教你几招，让你可以打破人们心底的那些错误信条。

许多人想通过讲述自己的亲身经历来劝说别人（“我试了，结果真的有效！”），或者讲述与客户情况相同的人的经历（“他们和你一样，后来试了试，结果真的有效！”)。

这些策略已被证明是没多大作用的。真正起作用的是要让你的客户设想自己正朝着预定的目标前进，并通过某种方式真正去经历这样的过程。

如何说服容易轻信或多疑的人？

对于这个问题，我们可通过一个有趣的实验来说明。比如在某个大学找一批同年龄段的学生，通过一些特定的简短的问话，依其回答将参加实验的学生按特质分为“容易轻信”与“多疑”两个群体，然后再进一步将每个群体分为 4 个小组。

首先，让轻信的学生观看 7 个录像片，里面是一些不熟悉的人参加竞选的情况，以及他们各自所持的政治立场。要求其中一组学生特别关注第一个短片，而另外 3 组学生关注最后一个短片；其次，让这 3 组学生中的 2 组在最后一个竞选短片放映之前观看一个关于斐济的旅游广告片，并要求 2 组中的其中一组列出去斐济旅游的原因，而让另外一组列出不去斐济旅游的原因。最后，要求所有学生对每一个竞选者进行评价。

隐秘说服诀窍

对轻信的人来说，抵触情绪是能够慢慢缓和直至消失的。因此，你可以想办法减少他们对你的抵制。

容易轻信的学生一开始就表现出对广告的抵触。随着实验的推进，他们对竞选者的批评越来越少。

对最后一个竞选短片的反应取决于他们如何看待旅游广告。如果某个学生对斐济旅游持反对态度，那么他更倾向于支持这个竞选者。而如果他喜欢斐济旅游，那么更有可能反对这个竞选者。

同样的实验，多疑的学生反应就大不相同。他们对第一个竞选者的批评最少，越往后批评越多，基本不受斐济广告片的影响。

第3章

如何让别人跟着你的思维走？

COVERT PERSUASION

说服顾客很有挑战性，关键技巧是让他没时间考虑是“这个好”还是“那个好”。否则他们总会这山望着那山高，从而对购买行为犹豫不决。最后别忘了将顾客的决定白纸黑字地写下来，让他的想法不再改变。

在前面一章里，我们讨论了信念是如何像胶水一样牢牢黏附在人们的头脑里，读者也从中学到了一些使他人从拒绝到接受的招数。在这一章里，我们将探讨更多有效的策略，用来改变人们头脑中的顽固信仰。

人总会这山望着那山高

如果你是一名市场销售人员，你应该知道在产品销售活动中，通常存在 3 种不利于销售的情形：

> 一种你已经知道：买家后悔；
>
> 一种我已经说过：预期的懊悔；
>
> 还有一种尚未透露给大家：那就是“落选情结”。

如果你对上述情形视而不见，很可能你未来的销售收入会锐减。接下来，我们将向你揭示收入锐减的表现和原因，以及应如何减轻这 3 种情况的影响，从而帮助你保持市场份额，长久地留住顾客。

我们先来看这样一个故事。

有一位姑娘，她身边有两个不错的小伙子可以选择。第一个长得斯斯文文，很有魅力。尽管不太机灵，但也绝不是傻瓜。季节合适的时候，他只要有空就去打猎或钓鱼，不合适的时候就打打台球。他有很多朋友，主要是在泡吧和打猎时认识的。收入中等，工作还算过得去。

她想，如果选择了这个小伙子，她就有时间独处或跟女伴们待上一会儿了，也许偶尔还能把朋友们都叫来在家里搞个聚会，能这样自由自在倒是件好事。美中不足的是他收入不高。不过那也没什么，总好过他讨厌自己的工作。

第二个小伙子也很有魅力，而且很聪明。他不怎么喜欢和别的年轻人出去玩，朋友也不是很多，只有几个亲密的朋友偶尔一起聚聚。相比之下，他更喜欢待在家里。收入可观，并且热爱他的工作。

她想，如果选择了第二个小伙子，就能够有人经常在家陪陪自己。他们有大量的时间待在一起互相了解，还有时间一块儿嬉戏、聊天、依偎在一起。最棒的是不用为钱发愁。没有经济压力简直太好了，更何况他真心喜欢那份工作。

她该怎么办呢？一旦作出了选择，她心里会不会七上八下，对落选者念念不忘呢？这种情况令她左右为难，难以抉择。而无论选择了谁，有一点是毫无疑问的（尽管她自己根本意识不到），即一旦选定，不出几天那个没被选中的人就会变得更有吸引力。大家也许认为她作出选择后会感觉轻松一些、快乐一些，但实际情况却恰恰相反。

这也正是顾客在考虑购买我们的产品或服务时所遇到的问题。

以往，无论是在心理学、市场调研还是营销策略中，都极少有人提到这一点。现在，我们将向读者详细介绍这种棘手的情况及其应对策略。上面提到的这种情况就是所谓的“落选情结”。

那些考虑时间太长的顾客往往感觉“选择就意味着失去”，这可不是件好事。落选情结与买家自责及预期懊悔都不一样。买家自责是事后对购买行为感到后悔，预期懊悔是在购买之前为了免于事后过度后悔而提前体验后悔的心态。

无论这个女人作出何种决定（即使她选择的那个小伙子很不错，不但对她好，而且两人互相喜欢，一切都很好），在她看来，那个落选的人都要比她作决定前一秒看起来更好。

在日常生活的方方面面，比如买车和投资等，我们都会碰到这样的情况，随之而来的麻烦也就可想而知了。

这位姑娘苦思冥想了好几个月——这也正是问题的症结所在。要知道，**如果一个人对某件事情考虑得越多，投入得越多，当他放弃其他选择机会的时候，就越感到失望。**

换句话说，现在在这位姑娘眼里，那个被她拒绝的小伙子比以前更有吸引力了。而且她会觉得自己先前的选择也许是错的。那么她的感受到底是怎样的呢？是失落，深深的失落。当我们失去了喜爱的人或宠物时，也会有这样的感受。

研究表明，无论这位姑娘是否仔细考虑过与两个小伙子的关系，也无论她是否分别与他们相处过，只要她选择了其一，另外一个马上就会身价倍涨。

不论这种分析是否合乎逻辑，结局都不会改变，显然她不可能两个都选。而且别忘了，她选中的人其实非常好！但这又怎样呢，在她看来，另外一个人仍会比之前要好得多。何况在作出选择前，她一直把他看作自己的囊中之物，还亲密接触了好几个月，而现在却由于自己的决定而失去了他。她目前的失落感使她相信，选择另一个小伙子也许会更好。让她产生这种失望或失落感的另一个原因是什么呢？就是当她深思熟虑作出决定时，她对那个落选小伙子的感情逐步加深。

上面这个故事可以帮助我们更好地理解"落选情结"的含义。从中我们还可以得出一些有用的结论，用以留住顾客，并让那些潜在顾客更快地作出决定。

- 促使顾客尽快作出决定，让他们没有时间考虑"落选情结"或"占有欲望"。否则，他们就会产生失落感而对购买犹豫不决。
- 如果不得不为顾客提供多种选择，请将你的重点放在你推荐的最佳选择上，对次要的选择则简要说明后快速跳过。也就是说，在向顾客介绍他最终不会选择的产品时，要明确指出它的缺点，然后迅速跳过。只有这样，才能有效防止顾客对它产生感情。

"落选情结"每年都会使我们的企业损失数百万甚至上千万美元。上文所谈只是管中窥豹，帮助你建立大概的认识。在后面的章节里，我们将深入介绍"落选情结"的有关内容，并进一步探讨该怎样应对这种情况。

用免费体验打动他

顾客已经表示拒绝，或者马上就要拒绝了！你正和顾客激烈讨论，争取他们的赞同对你来说至关重要。但顾客此时却表现出强烈的抵触情绪，就是不买账。你感觉自己已经使出了浑身解数。现在该怎么办呢？我有几种真正有效的方法，可以使你成功地说服那些棘手的顽固分子。有些人也会教给我们一些办法，不过一旦失败，他会让你觉得都是你自己的错。其实不是。

一个强有力的技巧是“体验的影响”。当顾客愿意试用我们的产品，亲身体验我们的服务时，我们说服他们购买的机会就大大增加了。“亲近小狗狗”策略（一种销售策略，最开始被宠物店销售员在卖宠物狗时所使用。先为顾客提供“免费午餐”，即允许他们先把小狗带回家抚养。——译者注）就很好地利用了“体验的影响”。顾客把小狗带回了家，经过一段时间的相处，怎么舍得再把它送回去呢？

这就可以解释，为什么想让我们买新车位的家伙会拉着我们一起测量车位，即便他早已知道我们需要多宽的车位；为什么房屋中介喜欢领我们去看房子，并让我们描述一下入住后会把它布置成怎样；为什么汽车经销商会把钥匙塞给我们，让我们开车上路溜一溜。这也就是为什么我们前10天可以免费使用Nero软件尽情地刻录CD，最后不得不花钱把它买下来的原因。

说服之前先想好他的行为剧本

行为剧本是指你向客户提供的一套明确的行动图景（通常是口头的）。比如说“设想一下，当你走进国税局接受审计，谁能帮你解决麻烦，回答他们提出的问题，让你安然无恙？你就放心吧，我来帮你搞定。这样做才能解决问题，你的报税单没问题”。

场景1 想象先行一步，改变接踵而来

如果人们能够设想自己走进教堂、听牧师传道、唱圣歌、祈祷等，那么他们在现实生活中就很可能改变原来的想法，朝着想象中自己经历的方向前进。

场景 2 三番五次想象，接二连三行动

如果你能让你的客户每隔几天或者每隔几个星期就想象一下你希望他干的事情，那么他就会越来越习惯这种体验，他的态度进而也会朝着这个方向改变。

场景 3 想象以我为主，否则前功尽弃

总是提及别人的选择和行为可能不那么有效。比如对一个人说我记得曾和一个跟你差不多的人合作，我们先这样，接着又那样做，后来好事就来了，这招显然已经失灵了。在销售中，这叫做“感觉—被感觉—发现”模式，与其他沟通策略比起来，这几乎没有什么优势。

场景 4 亲临想象情境，3 天以后回来

和高压销售策略不同，让顾客进行想象体验的作用可以持续好几天。这消除了人们“眼见为实”的观念，增强了一个人对自己所设想之事的信念。更重要的是，你知道了什么是有用的（我真希望自己 20 年前就知道这一点）。

人们在试图说服别人的时候通常有两种情况，奏效或无效。只有思维水平很高的人才会去探究事物的本质，诸如“生活是什么样的”，“世界是怎样的”或者“你是什么样的”，一般情况下，这些观念都会迅速形成（通常除了简单观察一下或者重复别人的观点以外，人们很少做其他的思考）。真正思考一个信仰（或者观念、态度）需要耗费脑力，人们通常不愿去做。

说服一个思维贫乏的人思考问题就如同让一个整天坐在沙发上看电视的人去操场上跑几圈一样困难。要想说服一个高智商的人也很困难，因为他们已经花费了大量的时间从各个层面维护他的信仰。但有几条基本的方法你还是可以试一试。

你可以回忆一下，当人们持有某种信仰，却忽然得到确切的信息证明他们的信仰是错误的时候（还记得我们提到的对死刑看法的实验吗），由于抵触心理作祟，他们会维护原来的观念并且加深这种观念。人们的信仰和观念是根深蒂固的，即使最初告诉他们这些信息的人承认当初是在骗他们，他们也不愿意改变。

而且，我也告诉过你那些对某方面知识欠缺的人（比如说我对汽车、剪草机、女性卫生用品了解不多）容易被大量不同的信息碎片说服，而不是高质量的信息（比如统计分析数据）。是的，尽管买彩票中累积大奖的概率和在飞机失事中死 7 次的概率差不多，即使是在“9·11”事件时期，概率也不会高多少，但是，人们还是继续买彩票。你仍然无法说服他们，因为统计数据对他们来说毫无意义。他们从电视上看到有 10 个人中了奖,这足以证明他们自己也有机会。（事实上，他们没有。）

好了，现在我们来看一下除了我曾告诉你的具体想象之外，还有哪些方法可以改变人的想法。请把下面 3 个要诀铭记脑中。

要诀 1 人们相信一件事情总有他的原因

我在电视上看到有人中了 1 亿美元的彩票。（这种好事没准儿也能落在我身上！）

或许他们见过 UFO。（哇，那一定有 UFO！）

有些人也许能通灵。（真的！他们能看到我的过去和将来！）

克林顿在任时经济迅猛增长。（他是个好总统。）

“9·11”事件发生在小布什任期内。(是他引发的,这个没用的总统。)

要诀 2 人们容易试过一次就认为“永远如此”

这就使想法或者体验演变成一种信念。有些人看到了一些东西，并且相信它，然后将其泛化，认为“总是”甚至“永远”这样。

- 不能相信那些推销员。
- 不能相信那些政客。
- 不能相信那些天主教教士。
- 不能相信……
- 我对你一无所知，所以我不相信你。

你打算如何改变这种情况呢?

要诀 3 人们容易只见一次就将某事否定

任何人在任何问题上都有可能出现这种情况（正因为信念的这种形成方式，导致偏见越来越明显，越来越普遍地出现在我们文化的各个方面)。你打算如何改变这种状况呢? 信仰、态度、偏见、理念……它们将给你、你的公司、你的工作或其他任何事带来什么样的影响呢?

如果你运用我在《影响力科学》(*Science of Influence*) 中教你的想象技巧去说服别人，结果却不奏效的话，你就得进入另一个层次。

如何改变别人的固有信念?

争论并非战斗，它是把一些想法和事实以某种方式集中起来支持某个观点。它可以符合逻辑，也可以没有逻辑；可以正确无误，也可以漏洞百出，这就是争论。宇宙创造说是争论，进化论也是争论。它们都通过特定的方式将一组想法或事实集结起来支持某种观点。

起因指的是导致某事发生的原因。起因可能属于也可能不属于偶然性辩论，无论你想听到别人说“是”还是“不”，这种辩论都能显著地改变结果。

“因为你使用暴力，所以你是个烂人。”

“因为这次考试你名列前茅，所以你是个天才。”

“你有超能力，因为你知道他妈妈叫玛丽。”

“你碰了碰那个人，他的病就好了，所以你是个巫医。”

这些陈述都具有偶然性，某件事情的发生可能会导致另一些事情发生。当然，也有一些辩论是非偶然性的，根本不需要任何原因。

“乘飞机出行是非常安全的。今年在飞行事故中丧生的人口比例仅为 1/2 000 000。”

“女性死于心脏病概率比死于乳腺癌的概率高出 2 倍。”

“东海岸的居民平均每 10 年搬迁 1 次。”

“西海岸的居民平均每 5 年搬迁 1 次。”

“在校园暴力中，被枪杀的儿童人数达到有史以来的最低纪录。”

这些都是非偶然性的辩论，是对已经发生的事情作出评估，并使用统计数据来支持相应的观点。

“我相信上帝，因为我内心能感觉到他。”这是一个偶然性辩论。“看看太阳系里的其他星球吧，没有一个拥有生命，生命只存在于我们这个地球上。这就证明上帝与我们同在，他是真实的，就在我们身边。”这是一个非偶然性的辩论。

如果想通过想象虚构和亲身体验以外的方法来改变一个人的信念，我们首先应该知道哪种辩论可能会起作用。

要想改变一个人的信念，必须让他自发地问自己的信念，而不

是强加给他一个新的。通过外部影响激发人们全新的想法或感受，就能逐步实现改变信念的目的。

当非偶然性证据铺天盖地袭来，即使这些证据与自己的信念截然相反，人们依然会继续保持原有的观念，决不轻易改变。统计数据、评估结果及非偶然性辩论对观念的改变压根儿不起多大作用。你要不信，试试就知道了。

偶然性测试 1：艾滋病

艾滋病及其传播是最近几年争论较多的一个话题。人们对于艾滋病的传播途径及预防方法早已有了固定的看法。

有一项研究就人们如何看待艾滋病的传播展开了调查，同时还对偶然性或非偶然性辩论的不同效果进行了深入探讨。

> 167 名成年人参与了这项研究，他们被分成 4 组。第一组参与者领到的一个小册子详细介绍了为什么偶然接触并不会传染艾滋病；第二组领到的小册子则用详细的统计数据说明偶然接触并不能传染艾滋病；第三组的手册综合了前面两个组的全部内容；而第四组参与者只做了一个自我评估，与艾滋病没有任何关系。

结果如何呢？观点改变最显著的是第一组，即使用了偶然性辩论的那一组；次有效的是第三组，即偶然性与非偶然性辩论相联合的一组；效果最差，或者说基本无效的是第二组，那些非偶然性证据没起作用。

1996 年，斯鲁施尔（Slusher）和安德森进行了一项更为细致的研究。参与者的人数增多，研究变量也增加了一项，即参与者可以通过志愿者工作，将自己的新观点付诸行动。实验结果再次证明，以偶然出现的情况作为论据对信念的改变作用最大，而根据新观点采取了行动的人则发生了更长久的变化。

偶然性测试 2：记忆

杰伊·莱诺在一期《今夜秀》(*The Tonight Show*) 节目中，请到了乔治·卡林、考特尼·洛夫、奥兹·奥斯本、本·阿弗莱克、摇滚小子、斯努普·道格、西尔维斯特·史泰龙（Sylvester Stallone）以及其他一些名人，一起谈谈他们观看热播了 10 年的电视剧《老友记》(*Friends*) 的情况。现场气氛活跃，非常有趣，看得我大笑不止。

这期《今夜秀》播出后，成千上万的观众都不约而同产生了这样的印象，认为那天的嘉宾中不止一位曾在《老友记》中扮演过某个角色，并且这种印象非常鲜活、清楚。但是请注意，所有嘉宾中没有一位曾经出演过这部电视剧。

这些观众会把《老友记》的碟片翻出来从头到尾再看一遍，并试图向朋友证明本·阿弗莱克曾在某一集中客串过。他记得当时的剧情、人物及搞笑的场面，也知道这出现在哪一集中。但他们永远也找不到本·阿弗莱克出演的那一集，并会为此困惑不已。他们只能一遍又一遍地告诉朋友，自己确实在某一集中看到了本·阿弗莱克。

人们的记忆的确有些奇怪，而这对我们成功地影响他人有什么启发呢？与改变他人的想法，推销我们的产品或服务，推广企业和品牌又有哪些关联呢？实际上，它与上述每件事情都密切相关。

如果你能把这些黄金定律很好地加以应用，就能够有效地吸引顾客，增强自己的说服力，并把过去遭受的损失一并弥补回来。因此，掌握适当的说服技巧是必要的。

让别人的想法始终与你同步

- 如果你能加深客户对你的好印象，那该有多好啊。
- 如果你能在客户心目中保持你自己和产品的好形象，那岂不是更妙。
- 如果你的客户在和其他人谈话的时候能够推荐你和你的服务，岂不是棒极了?
- 如果客户都积极评价你的产品，让你获得口碑营销效应，你又觉得怎样?

你之前没有听说过这些，也从来没有人告诉过你吧。这是全新的知识，专为你设计，现在就请做好准备，和我们一起前进吧。

人们通常不会单纯记住一件事，比如一个事件，一个人的历史，一个小时以前发生了什么事，你上次的服务多么好等。他们总是以不同的方式记住它。换句话说，人们的记忆是多元的，并且会对事件进行回放。但在多数情况下，人们会忘记自己的真实经历，转而记住从朋友那里听来的、也许并不准确的信息。对于一件事情，人们有时会告诉你他做了，有时又会告诉你他没做。他很可能相信这两种说法，对自己上次说的话已经忘得一干二净（想想你是不是也这样）。有时你会被描述成一个好人，有时却被描述成了坏人。

我们已经了解到记忆有时会出现偏差，它并不能像录像机那样真实地记录下每一件事。人的大脑在接收了信息以后，会把它和信念、态度、记忆及外部（环境）影响混合起来，进行综合加工后才出炉。因此，每次打开记忆的大门，我们看到的都会不一样。

现在，请你迅速回想一下，别人对我们的产品、服务及我们本人所持有的想法到底有多脆弱。随后，再让我们一起来想象一下，如果放弃使用本书介绍的方法和策略，最终会得到怎样的结果。

我们先来看一些背景知识。假设你是法庭陪审团的一员。在听完律师的辩词或证人的证词后，法官却告诉你这些证词都不会记录在案，让你别管它们。忘记它们？这是不可能的。在很多时候，越被要求忘记，反而会记得更牢！（稍后我会向大家解释为什么会出现这种情况。）

有趣的是，当被告知刚才听到或看到的信息并不正确时，比如有人说信息的来源不可靠，我们并不会把这些信息从记忆中删除。就算最终得到了可靠的信息，我们还是免不了受到原始信息和经验的影响。问题就在于：某种信仰一旦形成，要删除或替换它将是相当困难的。

人们到底是如何进行记忆的呢？我们来看看下面这个例子。

在一项研究中，参与者需按要求阅读一些自杀者遗书，并根据遗书内容判断其真实性。在陈述完判断及理由后，参与者被告知了所谓的“正确答案”。随后，研究人员问参与者，在知道实验要求后，他们最开始认为自己会有怎样的表现？得到的回答着实令人惊讶。被告知判断错误的参与者回答说，一接到这个任务就马上感觉自己猜不对；而那些判断较准的人则说从一开始就认为自己能做好。

事实上，参与者得到的反馈都是随机的，并不存在所谓的正确答案。人们总是根据事情的结果，想当然地认为自己也曾有过同样的想法和推测。类似的研究反复做过多次，每次得到的结果都是这样。在某事发生之前，只要人们没有公开表达过自己的想法，那么事情结束之后，人们肯定会认为自己早已预见到了现在这个结果，尽管实际上他们并没有。

在 1981 年的一项研究中，研究者让参与者阅读了一篇回忆性评论文章，题为："尼克松是骗子吗？" 这篇文章否定了题目的说法，认为"尼克松是正人君子"。但参与者阅读了这篇文章后，却得出了完全相反的结论，他们坚信尼克松的的确确就是骗子。1992 ～ 1995 年，科学家韦格纳（Wegner）和埃伯（Erber）也通过另一项研究证明，告诉一个人别去想某事反而会使他想得更多、更久。

这种心理是普遍存在的。在市场营销、商品推销、心理治疗及人际交往当中，我们要做的就是尽全力阻止顾客产生这种心理。否则，顾客脑海中就会形成顽固的想法，把你接下来跟他交流的所有信息都过滤掉。之后要想改变他们的想法就好比更换汽车的滤油器，再费劲不过了。

研究者洛德（Lord）、罗斯（Ross）和莱珀（Lepper）在 1979 年就提出了这个观点，并把这种心理称为"确证搜索"，即人们总是尽力搜索能证明自己观点的证据。就是这么简单！而且，相信某事的人决不会去找推翻此事的证据，即使确确实实"看到"了，也会刻意忽略过去。

即使是清楚地了解人类思维活动的心理学家，在经历了"获得信息—形成观点—得知信息有假"（由于获得的错误观点会对人们造成深远的影响，因此现在这种研究要比过去严谨得多）的过程之后，也难以完全否定之前形成的观点。要知道他们对人的大脑如何运行可是再清楚不过了！

人有时候会认"死理"

在一次全国范围的民意调查中，70%的美国人对一个并不存在的法案发表了自己的看法。一些人认为国家应该承担责任，而另一些人则认为是政府的责任。（**请注意：这一法案根本不存在，但人们却对其持有各种各样的看法！**）

当被问及对在美国离婚很容易一事有何看法时，40% 以上的人会选择所给 3 个选项中的最后一个。不论哪个选项在最后，结果都是如此。（**人们总爱选择最后一个选项，请务必记住这一点！**）

食品店提供 6 种果酱供顾客品尝，与先前提供 20 种时相比，销售量增加了 10 倍！（**提供更多选择增加的是顾客的尝试，而不是销量！**）

在匿名问卷调查中，多数学生都表示考试作弊是不对的。然而，如果真的有机会，即使是那些强烈反对考试作弊的学生也会毫不犹豫地作弊。（**人们所说的和所做的完全是两码事！**）

民意调查专家向人们询问目前国家面临的最重要的问题是什么，人们给出了五花八门的答案。而如果让人们从给定的选项中进行选择，他们的回答又会与先前的调查截然不同。（**人们不会轻易说出自己的想法，而只会从你给出的选项中选择！**）

当被问及诸如核武器这样的热点问题时，人们会根据问题的具体设计给出截然不同的回答。（**提问方式也是一种技巧！**）

所有关于此类的研究表明：

- 人们的观点、想法和欲望常常随着问题的改变而改变。大多数人的行为都是无意识的。往往一看到广告，想也不想就决定喝什么饮料或去哪里吃饭。
- 人们的观点、想法和欲望往往是在一瞬间产生的，与他们实际的做法以及后来的想法关系不大或者根本没有关系。一经选择就不再回头。一旦选择了某物、记下了某事或说出了某些话，人们就会坚持自己的决定，不管这些决定是如何作出的，也不管它们是不是符合自己的最大利益。

- 在相关问题的引导下，人们往往会相信一些根本不存在的事情，如虚拟的议会法案等。
- 人们通常都排斥认知差异。他们不能容忍自己心里有两种相反的观念矛盾斗争，往往不假思索地排除多余想法，坚持当前的观点，这就是著名的“一贯性定律”。一贯性定律的基本观点是：一旦一个人以书面形式（或口头形式，但效果可能差一些）表明了自己对某一事件的立场或观点，他就会极力维护这种观点，即使存在大量的相反证据，也难以让他有所改变。

顾客以往的决定和声明会对其观念与态度产生极大的影响。如果一个人在公开场合表示“永远不会做某事”，那么他很有可能真的不去做。人们常常未经深思熟虑就公开声明某些观点，结果这些观点很容易就演变成了信念甚至永久的态度。原因很简单，我们从小就被灌输“君子一言，驷马难追”的观念。所以某句话一出口，就产生了约束性力量，很难再收回了。

怎样让顾客的想法不再改变?

在一项研究中，实验人员要求参与者在众多选项中作出自己的选择。随后，参与者被分为 3 组。A 组按照要求在心里记住自己的决定；B 组在一块魔术板上写下各自的选择，然后把上面的薄纸片揭起来，擦掉原来的字迹；C 组则用钢笔在纸上写下自己的选择，并交给实验人员。

哪一组会坚持自己的决定呢？答案很显然。C 组在超过 75% 的情况下会坚持原来的选择，B 组坚持的概率只有 50%，而 A 组则很容易改变原有的想法。

从中我们可以得到这样的经验：在销售过程中，应尽力使顾客白纸黑字地写下自己的决定。顾客来年的经营目标、希望购买的股票投资组合、休假旅行计划，或是想为房子、车子添点什么物品，都可以记在纸上。关键就在于，在适当的时间、适当的地点为顾客送上纸和笔。

此外还要记住一点：**不要向顾客提出他永远会说“不”的问题。**

第 4 章

55 条隐秘技巧，让人不知不觉听你的

COVERT PERSUASION

只要你认真阅读并积极应用这 55 条极具效果的实用技巧，你会在任何场景下说服任何人。说出你想说的，得到你想要的，这就是本章所要带给你的。

与顾客进行交流沟通的方法有很多。本章精心挑选出 55 个隐秘说服技巧送给你，它们可是全世界最成功的影响力大师提供的鲜为人知的独门秘籍。

当我们向顾客介绍产品服务、提出意见建议时，就会注意到，所有这些技巧在各种不同的商业场合，无论是与他人共进午餐，还是参加正式的委员会议，或是出席 1 000 人的论坛或演说等，都非常有价值。同时，实践证明每个技巧都非常有效。尽管并非万能，但这些技巧确实提供了非常有用的参考和选择，使我们面对各色人群、各类场景都能从容不迫，游刃有余。

隐秘说服的 55 条实战技巧

我们一共准备了 55 个隐秘说服技巧。你应该通读所有的技巧，并充分消化吸收。这样在有需要的时候，你就能迅速地找出最恰当、最有效的解决办法。掌握好这些技巧，一方面能帮助我们成为更敏锐、更成功的沟通高手；另一方面也能擦亮我们的眼睛，使我们成为更聪明、更理智的消费者。好，让我们马上开始吧。

COVERT 技巧 1 PERSUASION 心灵相通，说啥是啥

和谐可以定义为与他人“步调一致”。一般来说，人们倾向于与自己喜欢的人保持和谐的关系。你怎么知道自己和别人关系和谐呢？你可以试着问问自己：他有没有真诚而积极地回应我？

如果答案是肯定的，那么你和这个人一定保持着某种程度的和谐关系。美国成功学大师齐格·金克拉（Zig Ziglar）曾说：“人们只有知道你有多在乎，才会在乎你知道多少。”你应该站在别人的立场去体会别人的感情，并且真诚地关心他们。和谐存在于不同的交流层面。也许你能圆滑地与人交流，看上去很和谐。但如果不能发自内心地关心你的客户和同事，表面的和谐又有何意义呢？

如果你是真诚的，别人很容易就能感觉到。他们的感受（或者直觉）会告诉他们，是相信你，还是拒绝你。而且，正如第一印象一样，这个过程在瞬间完成，也许人们都还没有意识到。

也许你已经知道，通过配合、模仿别人的身体姿势可以建立和谐的关系（如与对方保持相似的坐姿，跳舞时步调一致）。另一种建立和谐关系的办法就是谈论大家都关心的话题。你们都喜欢红袜队吗？或者你们都喜欢钓鱼、打高尔夫球吗？如果你知道的话，赶快利用起来，这些都是很有价值的话题。当然，谈话内容也很重要。

经过一些锻炼后，你就会不自觉地运用这些能建立和谐关系的技巧，甚至连你自己都没有意识到——你只知道它们起作用了。

下面几个隐秘说服技巧主要与和谐有关。

和谐（名词），一种人际关系，尤其指相互间信任的感觉或是有亲和力的感情。

技巧2 共同语言，热情上升

了解对方的兴趣所在。如果你对他们的兴趣知之甚少，那么就先去学一下。人们喜欢谈论自己感兴趣的东西，这会降低他们的精神防备，接受新的信息——你将要提供的信息。

通过谈论并参与对某人重要的事，你就能与他建立和谐的人际关系，甚至长久的友谊。真诚分享客户的兴趣、爱好及生活方式，可以称为“用话题建立和谐”。简单地说，就是发现他人的兴趣所在，然后用共同爱好来加深两人之间的联系。

戴尔·卡耐基（Dale Carnegie）、齐格·金克拉，还有很多人都曾谈到过，要培养并展示对他人真诚的关心。为什么呢？因为，如果你足够真诚的话，就容易和别人在情感上产生某种联系，从而使你拥有影响对方的能力。如果不够真诚，你就永远别想达到目的。

现在，你想运用话题建立和谐关系，那就谈论一些对方自然而然高度关心的话题。我们本质上都是自私的。想一想你自己吧，如果别人让你看一张有你在内的合影，你会先看谁？你当然会先看自己。不论在何种情况下，如果我们围绕你展开话题，你肯定最喜欢谈论你喜欢的东西，不是吗？

正因为如此，恰当的话题（对方感兴趣或者在情感上有联系的话题）是一个强大的工具。如果运用得当的话，对方会强烈感觉到你非常像他们，因此信任并且喜欢你。从这时起，你说的话就不会被当成“耳边风”了。

做到这一点可不是那么容易的。如果你无法从对方那里找到线索，比如一些私事儿，去了解他关心的话题，那该怎么办？这时，你就必须利用“谈话过程”来建立和谐了，这就是我们下一个要介绍的隐秘说服技巧。

技巧 3 经历相似，拉近距离

建立和谐的关系可不只是讲讲钓鱼经历那么简单。除了真诚的关心以外，要想与一个人或一个群体步调一致，还需要大量的技巧。

在和你初次见面时，很多人都不愿意谈及他们的家庭、爱好及生活方式，因为谈论这些话题让人不自在。你该如何打破这块坚冰呢？很多人从小接受的教育就是：不要和陌生人说话，不要谈论自己的私人问题。你怎样才能让他们在你面前感到舒服呢？

和他们做一些相同的事情，可以让你看起来和他们更相似。

一段共同的或者非常相似的经历，就可以拉近你们俩（或者你和听众）的距离。这个共同的经历会使你想要说服的那个人对你以及你所说的每句话抱有好感。

你可以通过谈论哪些经历建立和谐关系呢？

- 工作类型
- 工作的地点或者环境
- 经营项目或公司架构
- 家庭结构或社会地位

能够看出，你可以在很多方面寻找彼此相似的经历，作为加强联系的契机。你可以通过那些共同的经历来证明你“和他们一样”。和人们建立联系对于实现你的远大目标是非常关键的。

技巧 4 亦步亦趋，和谐一致

如果对方犹疑不决，与之建立和谐关系的一个有效办法就是“步调一致”。同步在本质上与“匹配”和“模仿”是一致的。简单地说，就是使自己与你的客户相似。我们都喜欢那些和我们自己相似的人。

如果你的客户产生了你与他很相似的感觉，他就会更喜欢你，或更快地与你建立和谐关系。达到这种效果的办法就是与对方“步调一致”。不过有一条警戒线你不能越过，即你不应该看起来是故意模仿别人。如果对方意识到你在设法利用他，那么你的劝说就会从隐秘到公开，然后遭到失败。你必须悄悄行动，同步就是关键。

成功地使用这一技巧必须注意两个方面。首先，你必须与他同时起步；其次，让他感到你真的和他很相像。他必须在某种程度上认可你，这样你才具有了说服的力量。一旦你和对方在某些方面建立了联系，你就可以开始控制步调，而他则会紧随你后。我们现在讨论的是引导的问题。对此我们还有更多的信息要告诉你，这样才能保证你的说服行为隐密难察。

> 除非你所描述的故事绝对原创、充满想象而且鲜活清晰，否则你无法给人风趣的感觉；如果你不能给人这种感觉，他们就不会听你讲；如果他们没有听，就不知道你在说什么；如果他们根本不知道你在说什么，就不会相信你；如果人们不相信你，真理也不称其为真理了。
>
> ——威廉·伯恩巴克（William Bernbach）
>
> 美国著名的广告大师

技巧5 同声共气，引为知己

假设正在和你谈话的这个人心情烦躁，说话很尖刻。很多人都试图通过微笑和有趣的故事来哄他开心，但不起作用。当你拿不准的时候，就和你的说服对象保持一致。

如果你的说服对象语调尖酸刻薄，你也要尖刻起来，哪怕只是简短的话语。这个声音上的改变会使你和你的客户同步。最终你要带着他走出这种负面状态（如果必要的话），走进一种不同的、更具有接纳性的精神状态。

除了简单模仿客户的语调以外，你还有很多可以做的。既然我们每分钟说话的字数是可测的，那你就可以按照他的语速说话。这两点技巧虽然微妙却卓有成效。

隐秘说服诀窍

建立和谐是隐秘说服最基本的一步。具体的策略就是与你的说服对象在语速和语调上保持一致。

在隐秘说服的步骤中，有一些是你不应该做的。比如当你运用声音模仿时，不要模仿他们口头表达的毛病。从说话结巴，到总在说“嗯”，或经常清清喉咙之类，都是你要避免的。如果你这样做，那你的计划就泄露了，游戏也就结束了。

COVERT 技巧 6 PERSUASION 同呼吸，心相通

呼吸是最无意识的行为之一。如果你能正确使用这个隐秘技巧，那么你就差不多和你的客户处于同样的节奏之中。

他将会察觉到这种节奏，从而更加觉得和你在一起很舒服。我们的研究表明，仅仅是与另一个人的呼吸保持一致，他吸气时你也吸气，他呼气时你也呼气，就可以增加两个人之间的和谐程度。即使你只采用这一项隐秘说服技巧，也能产生效果，它就是这么有效。

当两个人在呼吸的频率和深度上保持一致的时候，慢慢地他们就会产生同样的想法，体验同样的感受。一起跑步锻炼的人最后连呼吸的方式都相同，他们就会感觉很合拍。

大多数人并不认为呼吸一致是建立和谐的工具。因为呼吸远离人的意识，即使我们互相影响，也经常意识不到。但是，如果我们回头仔细想想每一次“成功的劝说”，就会发现，这的确是一个关键因素。

COVERT 技巧7 PERSUASION 妙用肢体语言，调动他人情绪

比起呼吸一致来说，保持姿势和动作的一致要简单得多。但是小心点儿，如果我们的方位、姿势与对方完全一样，就很容易让他感觉不舒服。

如果不想听到顾客的抱怨，我们就要尽力使顾客感觉协调、自然，尽力消除他们的防备心理，使他们尽可能地配合我们的需要。再强调一遍，别让对方感觉你在模仿他。

我们常常感到困惑：我们对某件事的感觉非常强烈（或好或坏），却连自己也不知道这种感觉从何而来。环境、信仰，以及无意识的条件反射，生活中各种各样的因素都有可能改变我们的想法。现在我告诉你，肢体运动也能改变我们的想法，没想到吧？请读者朋友们仔细阅读下面的文字。

点头并不意味着我们同意自己所听到的内容。最令人惊讶的研究结果是，如果点头的时候，我们脑中所持的是相反的观点，那么点头的动作实际上会加深这种反面观点。当我们点头表示赞成或摇头表示反对时，并不仅仅是在向他人发出信息，我们同时也在影响着自己。

一项新研究表明，点头或摇头的简单动作能够影响人们对所听到的评论的态度。其他的身体动作，比如用不常书写的手写字也能够影响人们的态度，甚至影响人们对自尊等重要问题的态度。点头实际上暗示并加强了我们对自己想法的信心，无论我们是持赞同还是反对意见。而摇头则相反，它令人们对自己的想法逐渐失去信心。

在另一项研究中，研究者召集了 82 名大学生来测验立体声耳机的声效，特别是测验当听者处于嘈杂的环境，如跳舞或慢跑时，这些耳机的性能如何。研究者要求其中一半参与者戴着耳机每秒上下摆头 1 次（点头），另外一半则戴着耳机每秒左右晃头 1 次（摇头）。耳机里播放的是一期校园广播节目，有音乐，还有一篇提倡学生随身携带身份证的电台评论。

听完广播后，参与者评价了耳机的效果，并对所听到的音乐和评论提出了自己的意见。研究人员发现，参与者摆头的方向的确影响了他们对评论的看法，而且这种影响远比预想的要复杂。在所有对评论持赞同态度的参与者中，点头者的赞同程度要比摇头者高。这是因为点头能暗示并增强人们对所持态度的信心，摇头则相反。而对评论持反对意见的参与者却恰好相反。点头的学生比摇头的学生更加反对评论的观点。这也是因为点头的动作使人们更加坚定了原有的否定立场。另一项实验也得到了相同的结果。它是通过另一个肢体动作“书写”来评估参与者对他们自身的不同看法。参与者按照要求，用笔写下自己在职业规划中的优点和缺点各 3 个。其中一些人用左手写，另一些用右手（经过事先鉴定，没有人是左撇子）。随后，参与者对所列项进行了权重分配及信心评分，得出了自己对未来职业生涯的综合信心评分。结果表明，用右手书写的人比用左手书写的人更有信心。

有些时候，我们的说服对象十分固执，任我们如何劝说也无济于事。这时，我们就应该动动身体，站起来，在屋子里走几圈，或是去趟卫生间。要知道，情感可以源于动作，这是经过证明的事实。如果能让对方动一动、走一走，就完全有可能改变他的心理状态。

许多看似简单的肢体语言不仅能影响我们对生活中重要问题的看法，甚至也能动摇很多根深蒂固的观念和想法，比如自我评价等。认识到这一点，无疑对我们影响并说服他人具有极其重要的意义。

技巧8 说服先从引导开始

影响他人的第一步是要从心底萌发一种和对方建立联系、成为朋友的真诚愿望。第二步则是上面谈到的保持“步调一致”。完成上面两个步骤，第三步就是引导了。魔力在这一步出现。一旦我们成功地实现了引导，就会惊讶地发现影响他人并没有想象中那么难。当说服对象开始跟随我们行动时，我们的引导就成功了。

如果对方遵从你的引导，比如模仿我们的某个小动作，那我们就已经牢牢控制了他的潜意识。接下来，就轮到我们提要求了。但在这之前，我们还必须确定双方是否处于和谐一致的状态。你得花几秒钟来确认，试着变换一下姿态、说话的音调、语速等，如果对方也作出了相似的回应，那我们就能肯定双方已经达成默契，从而大胆地进入下一步了。

要注意的是，这种试探不能触碰到对方的意识层面。我们必须在他有所察觉之前，迅速完成所有的动作。

技巧9 怎么说比说什么更重要

有时，改变肢体语言或身体姿势并不能发挥多大的作用，尤其是在面对面的交流中，这时我们就需要改变语音、语调或者语速来实现引导他人的目的。例如与顾客交谈时，我们可以稍稍加快说话的速度，让声音听起来饱含热情，努力把谈话内容转移到我们的产品上来。至于是否采用这种方法以及何时采用，则要根据交谈时的具体情况而定。

在交谈中，如果你发现顾客语速加快、声调拔高而且语气变得更加热切，那就可以肯定你们之间已经形成和谐与默契了。

有一个非常有趣的社会心理学实验。在大学校园里，研究人员将许多陌生的青年男女配对组合在一起。在 20 分钟里，只允许他们互相说 3 个字。不过这 3 个字必须以深含爱意、富有激情的方式说出来。那么这 3 个字是什么呢？不是“我爱你”，不是“我想你”，而是“给我盐”！简直太搞笑了！但是，当配对的男女相互凝视，充满爱与激情，用热恋中的情侣说“我爱你”的语气说出这 3 个字时，奇迹出现了。在 20 多对参与实验的年轻人当中，有好几对在这之后开始约会。最后，信不信由你，还有几对结了婚！

这究竟是怎么回事呢？有人说过，“怎么说比说什么更重要”。人们说话的语音、语调和语速可以传递大量的信息，说什么只是其中很小的一部分。你的声音完全可以发挥它的作用。

COVERT 技巧 10 PERSUASION 先予后取，与顾客共赢

与顾客建立和谐关系的整个过程都构筑在对顾客的关注、关心、同情、兴趣以及为顾客切身利益着想的基础上。保持步调一致然后进行引导，这就能够在你们之间营造最舒适、最和谐的氛围，因为你们是以适合顾客的步调在前进。

整个过程并不一定持续很长的时间，短则 20 秒，长则 1 个小时或更久。这一阶段结束之后，接下来要做的就是陈述观点、表达

要求了。方法有很多，但最有效的并非“索求”，而是“给予”。当然，我们给予的必须是对顾客有价值的东西，否则就无法促成共赢。给予的另一个原则是不求回报。如果能做到不计回报地给予，那我们最终得到的只会是惊喜，而不是失望。慷慨给予顾客所需的东西，会使他感觉自己必须以同等价值的东西回报。就算这些回报不能及时、直接地送到你手中，在今后与这位顾客打交道时，他也会原数甚至加倍奉还。

隐秘说服诀窍

最开始，能够引起顾客兴趣的并不是我们的创意、产品、服务、候选人或者事业——而是我们自己！

当我们给予价值、促成共赢时，一定不要抱有任何期望。要记住，这些价值非但不会消失，反而会以意想不到的方式加倍返还！慷慨给予顾客想要的，让他感到自己必须以同等的价值来报答。

技巧 11 坦诚会让你收获更多的信任

很久以前，先哲就已经意识到，在被指明之前坦白承认自己的弱点，有助于成功地对他人施加影响。承认自己的错误和不足会使我们看起来更加诚实可靠。

现代人比以往任何时候都要多疑，他们总是提防圈套或者寻找出现漏洞的蛛丝马迹。如果我们能坦承自己的缺点、不足或者不利的方面，就会立刻显得比其他人更为诚实，因而值得交往与合作。

律师们对这一技巧早已烂熟于心。在《法律与秩序》（*Law & Order*）这类电视剧中，我们经常可以看到：辩护律师总会在私底下找出一两个对当事人不利的因素，祈祷对方律师千万不要提到；而真正到了辩护的时候，他们却会主动地提出那些因素，并尽可能作出对己方有利的辩驳。这样，当对方再提到这一点时，负面影响就大大减小了！

在指出自己的缺点和不足时，千万不要犹豫。这样做至少有两个好处：第一，它会使我们看起来更诚实可信；第二，可以使顾客放松心情，长舒一口气，因为挑毛病这件大事儿我们已经帮忙做了！

COVERT 技巧 12 PERSUASION 每次都为你的顾客多做一点点！

帮助顾客解决潜在问题实际上显示出我们对双方合作的信心。在所有的事情上尽你所能积极地为顾客提供帮助，主动充当推荐人，不遗余力地宣传我们的顾客；帮顾客散发 50 张名片，为他带来更多的生意；除了基本的销售服务外，免费为顾客提供额外的服务……不要吝啬，尽量为顾客提供帮助。

我自己就总是尽可能多地帮助别人，我认为这样做是对的，而这些帮助也总是能给我带来回报。对打电话、回邮件之类的琐事我也十分热衷。要知道，散发自己的能量帮助他人着实是一件十分快乐的事。

在与顾客打交道时，如果我们能做到这一点，就可以有效地博得顾客的好感和信任，为我们带来长久的客户。他们还会在恰当的时候积极主动地推荐我们的产品和服务。

从心理学角度进行深层次的探讨，我们会发现，将能量与他人分享不仅是一种建立和谐关系的有效技巧，而且可以帮助我们与顾客发展良好的私交，将我们与顾客紧密地联系在一起。

这样一来，顾客就能卸下所有的防备和伪装，真诚而轻松地跟我们合作。

技巧 13 与你的顾客立场一致

拥有共同的敌人，最能将不同的人、群体甚至几个国家紧紧联系在一起。所以，找出顾客的“敌人”，并和他们一起“同仇敌忾”，无疑是一种有效的隐秘说服技巧。仔细想一想：顾客是否憎恨国税局？有没有什么人想要搅坏你们的生意？

共同敌人并不容易找到。然而，如果我们试着退几步，在更大的环境下细心寻找，也许就更容易发现那个共同的死对头了。

还记得2001年的“9·11”事件吗？它使美国民众空前的团结，齐心协力，共同保卫自己的国家。每位美国公民心中都奔涌着极其强烈的民族感情，连汽车上都插着美国国旗；两个素不相识的人一谈起“9·11”，距离一下子就拉近许多；每当在电视上看到袭击过后的惨烈景象，人们心中的感受和情绪更是无法言说。

有一条记录那场灾难的新闻让我终生难忘。在那个特殊时刻，新闻所要记录的实在太多了——受难者的情况、事件的来龙去脉以及整个事件的后续发展等。但是，这条新闻只是简单地把一些无声的录像串连在一起，加上一段情绪万千、荡气回肠的背景音乐，没有解说员，没有分析专家，甚至连一句旁白也没有，它却在视觉上、情感上给了我前所未有的巨大冲击，使我完全停止了思绪，目瞪口呆地看着眼前的一切。现场的嘈杂、警笛的鸣叫、旁观者的沉默，以及紧急救援人员手中的电子救援灯……直到今天，一想起这条新闻，仍然让我不寒而栗，心生恐惧。

“9·11”事件的幕后指使者就是一个强大的共同敌人。现在，让我们收回思绪，来看看现实中有哪几类共同敌人，可供我们在影响他人的时候加以利用。

首先，对于企业领导来说，有些内部问题是不得不面对的，如原材料、消费品价格的普遍上涨、员工医疗保险费用的不断增多，以及由于成本上涨而日渐加大的生产和销售压力等。其次，所有企业又面对共同的外部敌人，比如竞争。我们也许会发现自己和顾客有着共同的竞争对手，可能是某个公司，可能是某个国家，当然也有可能是单个的人。电视剧《幸存者》(*Survivor*) 中就有这样的情节：在公司内部发起针对某个人的同盟，运用集体的力量阻挠他的发展。

无论敌人在哪里，我们都要全力把他找出来，并和顾客结成联盟，齐心协力一致对外。团结就是力量。如果能做到这一点，我们就会欣喜地发现顾客和我们站到了同一阵营，我们说什么、做什么都能轻松而迅速地得到他们的认可。这正是我们想要的。顾客在接受我们的观点、建议，并付诸行动时，不会有过多的批判、思考和疑虑，这就是隐秘说服的魔力。

COVERT 技巧 14 PERSUASION 由此及彼，让顾客感同身受

在运用这一技巧之前，我们要做的是把所有曾与我们打过交道的人和他们的事联系起来，包括现有的和潜在的顾客，曾接收过我们意见的咨询者，或是从双方交往中获得过某种利益的人等。要注意的是，我们选取的人物和事例不宜太老旧，最好是顾客自己提到过、能轻易想起来的人和事，这样就能使他迅速对号入座，将自己的情况与这个事例联系起来。这样一来，我们也就能很容易地与顾客建立起和谐、融洽的关系了。

最近，我与 2 位排名世界 1 000 强公司的总裁有一些接触。我的任务是说服他们分别在 2 个不同的场合作演讲，每场演讲大约有 300 名企业高管参加。一开始，由于我与他们两人并不相识，谈起这事来困难重重。但是，当我告诉其中一位总裁，另一位已经开始

考虑接受邀请时，他就立刻表示愿意就此事作进一步沟通了。

谈话的转折点就在于我那看似不太起眼的一句话：另一位高水平的总裁也接到了类似的邀请，并已在考虑接受了。

听到我们所讲的事例，人们会出于本能不自觉地把自己放到相应的情境中去。正如看电影时，遇到精彩情节，人们往往会不由自主地放声大笑或是失声痛哭。所以，如果我们能按照影响对象的情况选择合适的人物和事例，就能毫不费劲地让他对号入座，并且感同身受。

通过讲述与顾客相似的人和事，使其将自己置身于相似的情景中，像事例里的人物那样购买我们的产品、赞同我们的观点或接受我们的建议。这样，我们的目的也就达到了。

技巧15 满足他被尊重的愿望

通过赞扬真诚地表达你对说服对象的尊重。注意寻找其他人的优点或者过人之处，公开地称赞他们。一点点的尊重可以起很大的作用。真的，因为我们打心眼儿里希望得到我们所尊敬和羡慕的人的尊敬，我们也渴望被人尊敬和羡慕。这听起来好像是老生常谈，但是仔细想一想，你会发现尊重是一股强大的力量，它让你密切关注对方。当你真诚地表达对说服对象的尊重时，对方会更开放地接纳你，对你的批判也会较少。这就是因为你给了他最渴望的东西：受人尊重。

今人而无礼，虽能言，不亦禽兽之心乎？

——孔子

COVERT 技巧 16 PERSUASION 用惊喜镇住他

用一些令人惊异的主张、难以置信的事实或者鲜为人知的事情来忽悠对方。让他们见识一下从来没有见过的东西，或者许下你能够实现的最大诺言。

人们着实喜欢震惊的感觉。在一个新的事实或情况面前，他们更容易答应你的要求，因为这样他才能保住面子。当你帮助别人发现了一个新的事实，他们就比较容易作出新的决定（跟从你）。这会使你的说服对象松一口气，因为他们能够确定过去的选择都是基于已有的信息。现在他们知道了这个新的信息，即使作出一个不同于以前的决定，也会感觉好一点。

这里的“震惊”是“出乎意料”的另一种表达。这个预料之外的产品、服务或者信息让他们震惊，甚至动摇了他们对世界的看法，使他们愿意敞开心扉接受新的观点，也就使他们处于一种更容易接纳的状态。如果一切都平淡无奇，找不出任何让人惊讶的地方，那就太遗憾了。

最近，我开车去经销商那里换油，结果（信不信由你）出来的时候竟然付了 600 美元的修理费。看看说服的力量吧！我爸爸总是告诫我，如果修车场让你修理轮胎和刹车的话，千万别犯傻相信他。猜猜我修理的到底是什么？没错，正是轮胎和刹车。

经销商原本有很多机会说服我进行更多其他的维修——牢牢控制各个方面——事实上，他们只纠缠在轮胎和刹车的维修上，令人失望。

因此，尽你所能去制造一些惊喜吧。你会发现，他们在大吃一惊之后，会非常积极地接受你的观点。

技巧 17 比承诺的多付出一点点

拿破仑·希尔（Napoleon Hill），就是那本经典的《思考致富》（*Think and Grow Rich*）的作者，他经常引用这句话："多走一英里"。这意味着要突破常规，比你的竞争对手送货快一点或者商品质量好一点。

"多走一英里"巧妙地让别人不断选择你，因为他知道和你做生意不但可以得到自己所期望的，而且还可以从你这里多得到一点点。货比三家之后，他们会选择你而不是别人。

这个技巧的重点就在于，让你的顾客得到的比你承诺的还要多，从而给他们一种喜出望外的感觉。

著名橄榄球教练卢·霍兹（Lou Holtz）就深谙这个技巧的力量。在一次比赛中，他的球队以 42 ∶0 落后。中场休息的时候，霍兹教给他的队员们一种高效旋转的动作，通过这个动作，可以在快要失球的情况下，难以置信地再次发力把球夺回来，保持控球权，或者得分。然后，他告诉这些队员，他们之所以能够进入他的队伍，不是因为他们在每次比赛中都能够全力以赴，因为其他队的球员也都能做到这一点，真正原因在于，他们有能力在每场比赛的关键时刻再度发力，挽回局面，这才是区别所在。他的队伍最终赢得了这场比赛。

技巧 18 承诺必须有底线

在保守估计的前提下，作出你的重要承诺。

举个例子，如果你的共同基金有价证券报表显示，在过去的 10 年里，每年可以得到 12% 的回报，那么你可以对你的客户保守地说："你每年平均可以得到 10% 的回报……"虽然这 10 年里基金的回报率达到 12%，但是你的报告很保守。当他知道实际收益是 12% 的时候，就会非常高兴。一旦在合作对象的心里建立了一种预期，他们很快就会期望你能比承诺的多做一点。而你并没有夸下海口，保守的估计让你的承诺更容易实现。

COVERT 技巧 19 PERSUASION 数据是最好的说服理由

告诉你的顾客某种汽车每行驶 19 英里（1 英里 =1.609 344 公里）将消耗 1 加仑（1 加仑 =4.54 609 升）汽油，然后再告诉他一个秘密："如果你选用这个牌子，每加仑油可以让你多开 3 英里，每年可以节省几百美元呢。"

具体化可以增加你观点的说服力和可信度。如果你了解种种细节，并且知道它们的影响，你就掌握了坚实的证据，出击更加有力。人们不喜欢听到模糊的数字，你可以告诉他们"你将会挣 100 万美元"、"你的销售额会增加 50%"等。当人们得到非常确切的信息时，不知不觉就会感觉好一些。

我一直坚持做工作电话记录。我总能够说出每个电话的确切日期、时间及内容。也许乍一看，这是个奇怪的习惯，但是它不止一次帮助了我。更重要的是，它是经得起考验的有力劝说工具。经常有这样的情况，人们对曾经某次谈话的回忆与实际情况不一样。

由于精确的记录，我可以很快查出细节。例如，我可以说："你确定吗，鲍勃？我有 10 月 14 日下午 3 点 10 分通话的详细记录。我们讨论了这件事，最后达成一致，4% 是解决的办法……还记得吗？"

这些精确记录帮过我好多次，我都数不过来了。底线就是：尽量精确，然后靠精确来取胜。

技巧20 承诺比对手更快、更好、更简单

我们所生活的时代，人人都希望质量好一些、价格便宜一些、服务快一些、办事容易一些。因此承诺你能做到的事情，然后兑现它们，但记住要施加一些额外的恩惠，这会令你与众不同。

速度能够使你赢得生意（或者合作、赞许等）。如果可以更快地得到某些东西，人们就会加快行动了。想想我们这个高速发展的社会吧。联邦速递为你寄送快递、麦当劳向你提供快餐、买彩票让你一夜暴富、你要的衬衫一个小时就能洗好，连满满一张 CD 的歌，都能在几秒钟之内下载下来。对快速、便捷和优化的结果作出承诺，往往能够让你赢得合作机会。为什么会这样？

- 快速：因为人们现在就要！
- 便捷：因为人们普遍很懒！
- 优化：因为人们感觉自己值得拥有！

这三点如果能结合起来，将会发挥最大的效力。例如："你今天下午就能拿到，用不着等到下周；另外，我会做完所有的工作，不用你操心；对了，我们还会得到比过去更好的结果，怎么样？"

技巧21 会倾听，更容易被人接受

集中精力、屏住呼吸，注意对方所说的每一句话，让他清楚地感觉到自己所说的话每一句都至关重要。如果你真的兴致勃勃地倾听、尊敬对方，而且工作尽心尽力，他就会愿意帮助你达成目标。

所有这些落实到一个词上就是：倾听！我在社交场合通常会问

别人问题，然后给他们表达的机会。人们喜欢说话，尤其喜欢谈论他们自己。

如果你集中精力听别人讲话，你就会博得这个人的好感，过一会儿之后他通常就会反过来听你讲了。

有的时候，我和别人见面，所做的就是认真听别人讲话，仅此而已。在我们谈话结束的时候，对方通常会说我是一个非常“健谈的人”。我可是什么都没有说……这就对了！下次我再遇到这个人，他就会马上把我认出来。这些人和你从此建立起一种和谐的关系，每当你找到他们，他们可能都会有求必应。

COVERT 技巧 22 PERSUASION 勇敢地说出你的要求

这才是你们良好关系的真正开始。你的客户知道你清楚他们的兴趣所在，他们知道当问题出现时，你会替他们解决。要向别人提出要求，最简单的方法就是告诉你的潜在客户，如果采纳你的建议将得到什么好处，同时加上这句话：“……让我们开始吧，怎么样？”

这再简单不过了，如果前面几步的基础打得好，你肯定可以得到他人的自愿配合。关键是要拉得下脸去请求。

很多人做完所有必要的基础步骤，却迟迟不敢发出请求。他们努力优化环境、充实内容，使用以结果为导向的思考方式，但是直到最后也压根儿没有开口请别人与他合作。

有很多方式可以邀请别人与你配合，其中最好的是“假想同意”，只需要说一句：“这样做看起来是最好的选择，那就让我们开始吧，怎么样？”就这么简单！但你也很容易放弃机会。记住，一定要说出你的要求！

如果你不尝试的话，就百分之百没有机会。尽量多地去尝试吧。

技巧23 制造紧缺信息，调动顾客心理

当我们发现想买的东西在数量、时间、颜色或者其他方面有限的时候，我们的购买欲就会大大被激发。换句话说，一个东西越不容易得到，我们就越想要。

利用这一点来劝说别人极为有效。你可以这样说："这款东西一共只有2 000件，而且每一件都有编号。要不我帮你预定一件吧，我可不想看着你白白丢掉这一个机会。"

隐秘说服诀窍

这就是短缺意识！

这种短缺包括产品的数量、你与他人共处的时间或者特价商品的数量等。

让顾客担心他们真的可能由于库存不足或者限时销售已过而得不到这些产品，你要做的就是让他们清楚自己究竟会失去什么，以及为什么会失去。

技巧24 引用顾客认可的事例更易成功

我们喜欢和自己同类的人，并且会很快和他们成为朋友。我们相信并听从朋友的话，而且我们都有一个深深的愿望，就是希望有人和我们一样。这就可以解释为什么朋友之间会经常穿相似的衣服、在相同的社交圈活动，甚至开同样的车。我们希望和别人相像，所以我们会像朋友那样思考、行动、做事。

让你的说服对象看到某些受尊敬的人、有名的人以及经验丰富

的人购买了你的产品或者正在享受你的服务，这样，你得到对方同意的可能性就会急剧增加。

作为推销员，我们完全可以利用这一点。只要告诉潜在客户一些和他们很像的人（或公司）的名字就可以了——也许有些他们认识的人，已经购买了你的产品或者服务，现在正在尽情享用呢。

> 如果你想要一个人参与你的事业，那么先要让他相信你是他真诚的朋友。
>
> ——亚伯拉罕·林肯（Abraham Lincoln）

技巧 25 适当利用顾客追星的心理

把不为人知或者不容易理解的新观念与人们熟知并相信的观念联系起来，就产生了真实的说服力。有时，你只需要简单提几句。比如下面的这句话，就把一个知名度低的新产品与知名度高的 660DX 机联系起来了：“它和你的 660DX 一样，不过又增加了一个流量电容，可以省电 50%，每年可以为你节省 5 200 美元！”

你不仅可以把不知名的东西与知名的联系起来，还可以把某些新的或者改善了的东西与我们喜欢、羡慕或者崇拜的人联系起来。还记得迈克尔·乔丹做的内衣广告吗？关于内衣，有什么是他知道，而你我不知道的吗？没有。只不过因为迈克尔·乔丹是很多人喜欢、崇拜的偶像。公司花几百万美元请一个名人来宣传他们的产品，希望引起消费者（你）想和这个名人用相同产品的欲望——“就像迈克尔一样”。

即使没有名人参与，你也能制造关联效应。当你看见一匹克莱德谷马（Clydesdale horse）的时候，你会想到什么？百威啤酒

(Budweiser)。为什么呢？因为他们成功地把自己的产品和这些高贵的骏马联系在了一起。

另一个强大的关联形式是担保或者证明。向你的说服目标展示一些信息，不管是某个顾客在自己的信笺抬头上所写的话，还是你上司的口头担保，只要有人自发并可信地评价你很不错或者你的产品很好，就能让他顽固的思维开始松动。这些证明和担保应该不带偏见、独立可信，并且诚恳真实。这比你自己说出来的要可信得多。现在就找出这些资源，让他们为你和你的产品担保，这可是一个强有力的隐秘说服技巧。

当你喜欢、崇拜和尊敬的人告诉你，你应该结交某人，买他的东西或者雇用他的时候，你很可能抛开批判的本能，迅速接受这个建议。

COVERT 技巧26 PERSUASION 制造归属感

群体拥有某种力量，让人产生归属感。我们都喜欢有归属感。即使是成天叫嚷“我就是我”，认为自己特立独行的叛逆少年，仔细看一看他们的朋友就知道，他们也喜欢拉帮结派。

他们穿同样的衣服、留同样的发型，渴望成为群体的一部分。想加入某个群体的愿望如此强烈以至于会产生某种狂热的举动。

你听说过“思想传染”这个词吗？当体育场里满是情绪失控的球迷，他们开始向球场扔啤酒瓶的时候，就出现了叫做“思想传染”的奇特行为。一个球迷这样做了，好像没事，慢慢地就有许多其他人也开始这样做。还有其他一些个性化的事情发生。群体中的个人感觉自己在群体中消匿了，同时由于受到群体压力，被迫照着其他人那样去做，使自己归属于这个群体并与之相适应。

知道每一个人对于归属感都有一种强烈的本能需要，对我们是很有用的。我们可以运用它来达到目的，同时帮助我们的说服对象得到他们想要的东西。

这样的对话你也许会在工作中遇到："比尔，你知道，作为企业高管，我们一般不会把这样一个项目交给你这一级的人去做。但是，我们相信你有能力成为我们当中的一员，所以尽你最大的努力去做吧，我们稍后再详谈。""先生，一旦你拥有这个，大家都会知道你来过这里！你会成为人们最羡慕的人！"或者，"许多人都买了蓝色的这个，黄色和白色的也很热销。"

在另一种情境下，你也会看到归属感的作用：饥饿的旅行者。设想你在高速公路上连续开了好几个小时的车，饥肠辘辘。你决定从下一个出口出去，吃点东西。你出来以后，开始寻找吃饭的地方，结果发现了四家。但这些餐馆的名字你都不熟悉，这时你会怎么办呢？你会选择门口汽车最多的那一家。你不想冒险，就照着其他人那样去做了。这种寻求一致的倾向在生活的各个方面几乎都能看到。

如果你告诉对方已经有人做了某件事，那么这件事对他来说就会更有吸引力。每个人本质上都希望和大多数人一样。

COVERT 技巧 27 PERSUASION 狡猾的对比

把两个不同的人、东西、地点放在一起进行比较，我们就很容易分辨优劣，作出选择。

问题设计应该是："哪一个"，而不是"是否"。

面临两个选择时，人们会选择便宜一些的那个。有一个很有趣的例子，在一期《今夜秀》节目中，约翰尼·卡森（Johnny Carson）请来了全国最棒的女童子军（Girl Scout）饼干推销员。他问她成功的秘密是什么，她说 :“我只是拜访了每户人家，并且问他们，‘你能为女童子军捐款 3 万美元吗？’当他们说不行的时候，我就说 :‘那你至少能买一盒女童子军的饼干吧？’”

观众们都大笑不止。这个小女孩抓住了对比的艺术，很好地帮自己卖出了东西——她只有 8 岁。你也可以使用这一招，向你的客户提供最好最昂贵的选择以及最便宜的选择。客户不得不从中选择一个，而他们通常会选便宜点的那个。

在商业活动中，这个技巧几乎处处适用。如果你想要某人为你做什么事情，那就向他提出一个他永远也不会同意的请求，然后当他拒绝的时候，就请他帮个小忙。这样一来，答应帮助你的可能性就比直接提出请求时更大。

技巧 28 别问为什么

问一个人为什么买你的产品和服务，为什么投你一票，或者为你的事业效力，真是大错特错。为什么？因为他们并不知道自己为什么要那样做。他们无法解释决定背后的原因。但是，他们很快会说一些他们认为你想听的话，或者给出让他们看起来不赖的理由。但是，你将永远触摸不到事实的真相。

没有人知道如何回答“为什么”，所以就不要去问了。你要想成功说服别人，关键是在改变对方意识的时候，暗暗作用于对方的潜意识。除非你有一个周密的计划，否则不要问为什么。

如果你静下心来分析自己的努力，并且变换条件进行检验，那么你会更加成功。唯一重要的是你的说服对象是否愿意满足你的请求。这取决于你是否仔细分析了你所做的事，分辨出哪些起作用，哪些不起作用。不要相信对方的答案，他们真的不知道。

技巧 29 向顾客描绘美好的前景

改变说服对象的时间洞察力，帮助他作出不一样的决定。和你见面以后，你的潜在顾客通常会拿你和类似的人进行比较，然后对你所说的东西迅速得出一个结论（也许是错误的）。

你必须马上完成两件事。首先，把你自己和他以前遇到过的人区别开来，树立独特的形象。然后你得把他们的时间感从过去移到现在再推向将来。如果你让某人（在想象中）进入未来，和你约会、雇用你，或者买你的产品，那么他就会想，如果真的这样做了会怎么样。这个技巧好在无论他会不会后悔自己同意了你的请求，都没有关系，因为仅仅是“臆想”这个行为就足以促使他说“是”了。

技巧 30 换位思考，想对方之所想

要建立牢固的信任，一个几乎绝对有效的办法就是赞同对方的观点，也就是站在对方的立场，想对方之所想。

这样对方就会完全敞开心扉，并几乎完全卸掉防卫。他会认为你对公正的结果感兴趣。

使用这个句式 ：“你是对的，而且……”

“凯文，你是对的，而且，这一点 20 年来一直有效。但是现在经济显然已经发生了变化，你知道这意味着什么。”

用这个句式说出的话，每个人都愿意听。人们竭尽全力希望自己是正确的。

这时你再表明自己的立场或者观点，对方也就会更容易接受。你可以这样说 ：“我过去也是这样想的，直到后来我发现……”或者，“我过去也那样想，但我所不知道的是……”如果你这样说了，对方

在接受你所阐述的新观点时，就不会觉得没有面子。

还有许多东西都可以帮你建立信任。比如你所持观点的根据是什么，有没有哪个权威人士也赞同你的观点，或和你站在同一立场。

技巧31 别忽略时空的影响力

用你所处的空间和环境来说服别人是一门独特的艺术，也是一门科学。你所处的建筑或者房间，你站立的位置，甚至你和对方的距离都有说服功用。

有的时候，运用空间来帮助你说服别人很简单，就像发挥你的主场优势一样。让你的目标来找你，并且坐在你的办公室里谈事，这一点非常重要。环境对人的思维及行为有强大的影响力，甚至在你开口说话之前，这种影响就产生了。

好几位美国总统都曾说过，椭圆形的办公室本身就有一种力量。总统最大的敌人被叫来这间办公室，他刚跨进办公室的大门，立刻被里面森严肃穆的环境给镇住了。在这样的环境里，他们感觉自己很卑微，连论据的力量都被他们身处的房间给削弱了。与此同时，总统所处的地位及他的说服力不知抬高了多少。而这一切都发生在双方开口说话之前。

无论是一个单独的房间还是一栋大楼，有些环境确实具有强大的威慑力量。如果你到世界上独一无二的地方去，马上就能理解我所说的意思了。例如，不论你的宗教信仰是什么，一旦你的双腿迈进华盛顿区的国家大教堂，你立刻就会发现自己身处一个不同寻常的地方。那时，你的行为就绝对不会像星期日下午和朋友在家看球赛那样随意了。仅仅是环境就会对你的想法和行为产生巨大的影响。

明白这个原则可以帮助你更具有隐秘说服力，因为你可以建议双方在一个特定的时间、特定的地点见面。这个建议对对方来说并没什么特别的意义（除非他也读过这本书），但是当你深思熟虑，精心选择了这个环境，你就离成功说服更近一步了。

COVERT 技巧 32 PERSUASION 与顾客见面后立即投其所好

将来所作的决定很可能与过去的决定一致。一旦对某人或者某事做了一个承诺，我们就很可能要在将来某个时候兑现它。

在推销中，首先要取得对方关于见面的承诺。一个附加的承诺也许很小，但是你正在构建一种连贯的模式，它最终会把顾客带到你的商品面前，并买下它们。

向你的顾客提问，借机透露选择你的产品和服务会带来的好处（不是关于获得了你的产品或者享受了服务，而是让他们认为最后这个结果正是他们想要的），以此引起他们的购买欲。有一个办法是简单地问个问题："你也希望每个月节省 3 000 多美元，对吧？"或者，"告诉我，如果真能这样，你会用这省下来的 3 000 美元做什么？"让他们设想用这 3 000 美元买自己喜欢的东西，会让他们认为这种节省很好很必要，并把注意力投向未来。然后你再把他们的思绪带回到现实中来，将这种期望的结果与你的产品或服务联系起来，这时他们就可能出于思维的惯性而购买你的产品或者服务。

COVERT 技巧 33 PERSUASION 像催眠一样诱导对方

有一种非常特殊的口头技巧可以用来改变他人的想法，使他们作出你希望的决定。

“催眠语言模式”的基础是“假想”，即把目的和意图隐藏在所说的话背后。例如，如果你说：“也许是你的速读能力使你能学得这么快。”这句话就假设了：如果某种东西帮助你学得很快，那一定是你的速读能力。

假想是一种有力的催眠，而且非常隐秘。通常，经过深思熟虑所说的话都包括很多预设，其他人如果听进去了，多半会不假思索就接受你的提议。

还有一个例子：“在你开始写那个特殊报告之前，让我们先去吃饭，如何？”这句话的预设就是某个人打算先写“特殊的报告”。注意句子结尾的“如何？”，它就是一个引导技巧。问的时候配以上下点头的动作，多数情况下人们都会答应你的要求。

研究催眠的人发现有很多办法可以使一个人的精神处于催眠状态，然后让他想什么他就想什么。你的目标就是让人们进行想象（想象拥有你的产品，享受你的服务带来的好处，想象为候选人投票，为某个项目出力等）。

要想得到或者避免某种结果，第一步通常就是想象。我们希望对方告诉我们，他们如何才会购买我们的产品和服务，如何才肯配合我们实现目标。但是人们不会仅仅因为你问了，就告诉你他们大脑保险柜的密码，你需要巧妙地使用科学的办法。一些特殊的字词和短语，在赢得配合方面能给我们带来意想不到的结果。下面这些句式就可以促使别人得出你所希望的结论。

所有的催眠语言模式都用黑体加粗标示出来，跟随其后的所有指令我们都假设会被遵守。换句话说，如果原来的指令是“买这辆车吧，这是你的决定”，现在就需要用这样的句式引导出来：“**我不会劝你……**”然后，命令紧随其后，是我们希望客户采取的具体行动。大多数这种句式都不是所谓的好英语，语法上也不完全正确，但它们的确有效，建议你使用时小心谨慎。括号里是一些简短但却重要的旁白。

“**我不会劝你**买这辆车，你得自己决定。”

“**我不会劝你**多买点股票，你要自己想清楚。”（我不会告诉你该怎么做，但是注意，命令已经跟在了后面。）

“**你也许想——**现在，加入这个俱乐部，先签一年，然后再续签。”

“**你也许想——**现在，买这辆漂亮的新车。”（不是一定，但是有可能！）

“**你怎么知道**该买 X 还是 Y？”

“**你怎么知道**应该**现在**升级还是再等？”（实际上你再次询问了他们作决定的方式。）

“**你不需要现在就**决定。”

“**你不需要**投资好几个基金，买一两个就可以了。”（如果我想，我就会这样做！）

“**为什么有些人**看不到拥有一辆高性能车的价值？”

“**为什么有些人**只看到好的地方，别的什么也不管呢？”（不是你，先生，是说有些人……）

“**不知你**想不想现在就签约？”

“**不知要不要**现在就决定，以留住机会。”（事实上我知道，但是我说得很委婉。）

“**你想再看**一所大一点的房子吗？”

“**你想**看看蓝色的这个吗？”

“**如果**我们的客服人员定期给你打电话，你不反对吧？”（你在询问具体的特点和好处，也许是他们想要的，也许不是。）

“**有人**正在进行一大笔投资。”

“**有人**正在抢购房子，好像不抢就来不及了一样。”（“有人”正是指你的说服对象。）

“**你心目中**完美的汽车是什么样的？”

“**如果你想**为你的庆典找一个合适的演讲者，他该是什么样的？”

“**如果你能选择**一只共同基金，你希望它有什么样的品质？”

“**如果你能选择**一家好点的保险公司，对你来说最重要的是什么？”（他会选择，而且他的头脑会告诉他选择这个，就现在！）

“**你有没有碰到过**真正出色的销售培训师？”

“**你见没见过**一个演讲者能使听众在他走后仍然情绪高昂？”（这又是一个“假设”。它是一个没有压力的问题，飞速穿过人的大脑，引起的反应是“我想是的”。）

“**如果我告诉你**大部分人都没你机灵，**你会不会感到惊讶**？”

“**如果我告诉你**每加仑油能让这辆车行驶 30 英里，**你会不会大吃一惊**？”（“如果我告诉你……，你会不会惊讶？”暗示你可以实现这种令人惊讶的事实。）

“**试想**，如果你的有价证券每年的回报率是 12%，将会怎样？”

“**试想**，如果你住在一所能让自己感到骄傲的房子里，将会怎么样？”（我们又一次用“试想”照亮了别人的思维，就好像耀眼的圣诞树一样。）

“**你对**短期赚钱更**感兴趣**，还是长期？”

“**你希望**你的客户上网更容易更有趣吗？”（他知道自己感兴趣，现在他必须说是，或者选出对自己最好的那个。）

“**如果我有办法**让你赚更多的钱，你会不会和我们公司签约？”

“**如果我有办法**让你看起来年轻 10 岁，你是不是会去做？”（这是一个完美的答案预设问题，如果没把握可不要轻易这样问。你得到了肯定的回答，就可以向他展示你的办法了，他已经被你说服。）

“**如果你**每年多出 25 000 美元收入，**会怎么样呢**？”

“**如果你拥有**迷人的身材，**会怎么样呢**？”（想象一下……）

“**你也许不知道**，这会很有意思。”

“**你也许不知道**我们将有很长一段时间一起工作！”（在你说完“你也许不知道”之后，他就知道了。）

“**愿意听我讲讲**增加个人销售业绩的 7 种办法吗？”

“**我能向你展示一个**让你看起来更好更强壮的办法吗？”（得到客户的允许再进行营销，这样更礼貌，也更有效。）

“**我想知道如果**今天作决定，你会不会感觉更踏实一些。”

“我想，今天投资是不是可以让你以后赚更多的钱。”（当你想象的时候，我也想知道。）

“**难道你不认为**现在该由一个新总统来领导我们的国家了吗？”

“**你不认为**有确凿记录的共有基金比……要好吗？”（对于任何“你不认为”后面所跟的话，人们都很难说“不”。）

隐秘说服诀窍

“如果你能……” = “假设”，这个问题直接进入人的潜意识，像大脑病毒那样开始起作用。

“**你不觉得**如果有人帮你交税，你会更高兴吗？”

“**你不觉得**开一辆新车比开旧车更能显示你的经济实力吗？”

让我们集中概括一下这些催眠语言模式：

- 我不会劝你做……
- 你是怎么决定做……
- 你也许想现在……
- 你怎么知道……

- 你不必……
- 为什么有些人……
- 我不知道是否……
- 你愿不愿意看看……
- 如果你能拥有……
- 如果你能选择……
- 你见没见过……
- 如果我告诉你……你会不会惊讶?
- 想象一下将会发生什么事，如果……
- 你有没有兴趣……
- 如果我有办法……
- 如果你有……，会怎么样呢?
- 你也许不知道……
- 我能向你展示……
- 我想知道如果……
- 不要认为……
- 你觉不觉得……

只是简单说出这些句式并不能保证对方做你希望他做的事。你的语调、语速、节奏变化及内容都将起作用。尽可能在不同的工作情境中练习使用这些句式，然后观察发生了什么。人们将比过去更多地接受你的请求了。

技巧34 借助肢体语言的力量

当你的身体、思维及话语都在向听你说话的人发送同样的信息时，你的说服力就会成千倍地增长。但一旦信息传达中的一小部分出现了问题，你说服对方的概率就会骤降到几乎为零。

在一个曾被错误引用的著名研究中，阿尔伯特·梅拉宾（Albert Mehrabian）博士发现，在声音暗示、表情暗示以及语言内容三者当中，语言信息是最不重要的因素。

在梅拉宾的实验当中，7% 的信息是通过语言内容传达的。声音能传达 38%的信息，比前者高得多。55% 的信息竟然是通过面部表情传达的。大部分人从来都没有停下来思考过这三个因素，然而，只有当三者同时传达相同的信息时，才能达到最大的说服效果。

你应该积极想办法把它们组合成 100% 一致的信息。大多数人不会同时在这三点上花时间，这也正是他们显得不是很有说服力的原因。如果他们碰巧说服了别人，连他们自己也不知道为什么能够成功。既然你知道了这个原则，就好好使用它吧，你会具有 100% 的影响力。

成功传递信息的关键，就是在整个信息传递过程中不断思考，精心挑选你将使用的字眼，然后练习把它们大声地说出来。事实上可以再进一步，用录音带把你练习时说的话录下来，然后回放，它也许会让你震惊。这是一个神奇的方法，因为自己录音，你听到的只有自己说话的内容以及说话的方式，这就有效排除了肢体语言在交流中传达的信息。最后认真塑造你的肢体语言，最好的办法就是为自己摄像。你会惊讶地发现同时看到自己的影像与只听到声音有很大的差别。

如果你不知道该如何提高肢体语言的作用，那么你很幸运，因为这本书中有整整一章都在讲肢体语言的力量，还有很多增加你说话分量的小技巧，它们会让你的说服力成倍增加。

技巧35 事先模拟说服过程

还记得儿童读物中教我们的走出迷宫的窍门吗？你是否还记得如果我们从终点开始往回走，一直走到起点，会容易得多？“专注目标思维”（Outcome-Based Thinking）就与之有点类似，从你希望的结果开始思考，然后倒推。这几乎可以保证你取得想要的结果，而且它非常灵活，对于达成短期目标或者长期目标都非常有效。

奥林匹克运动员就是善于运用目标思考法的好例子。他们冷静、生动地反复想象那些完美动作，最终使自己的表现也达到完美（赢得奥运会金牌）。同样，世界上最好的推销员和商人都能清晰地想象出自己想要的结果，这帮助他们为每一种可能发生的情况做好准备，从而增加成功的可能。

而你怎么知道自己到底想要什么样的结果呢？下面这个练习会让你更清楚、更深入、更真实地看到预想的结果。

拿出纸和笔，找一个你确信不会被打扰的地方。然后问自己下面的问题：“对于人际关系、生意、事业、家庭、朋友、收入及退休等问题，我曾有过什么样的梦想？”然后用一两句话解释你为什么想要这些东西，拥有了它们对你来说意味着什么。如果对于某个问题你什么都说不上来，那么马上把它从你的单子上划掉。在剩下的梦想旁边记一个数字，标示你达成这个目标所需要的时间。最后，用几句话描述一下在你和你的目标之间会存在哪些障碍。

现在，从一号目标开始，想象一下你面对第一个人的情况，然后问自己下面的问题：

- 我到底想从这个过程中得到什么？
- 别人想要什么？

- 经过这个过程，我最少能得到什么？
- 在这个过程中会出现什么样的问题？
- 我如何处理每个问题，有没可能把问题变成对方的利益？
- 我怎样结束这个过程？

所有说服大师都采用这个步骤，不论他们是有意的还是无意的。

如果你按照这个步骤去做，奇迹就发生了。在那些对“隐秘说服”一无所知的人看来，你不过是撞大运了。但是你自己知道真正的原因。这一切都是因为你有意识地做了很多艰苦的工作。机会来的时候，你已经做好了充分的准备。有句话你一定听说过：“机会只垂青有准备的人。”当你使用了专注目标思维的时候，你就更有可能得到他人的协助，离你的最终目标也就不远了。

你生活中的一切成功和失败都直接来源于你的思想。

——詹姆斯·艾伦（James Allen）

COVERT 技巧 36 PERSUASION 信息倾听和反馈一致

我们在传达信息的时候通常会用到 3 个主要的渠道。

第一个是视觉信道，包括我们所看到的。我们的所见经常能够成为事情的“证据”——眼见为实，亲眼看到才会相信！因此劝说他人的时候，可以依靠视觉的帮助。

视觉证据可以让我们的劝说更有力、更可信。“这件事我看得非常清楚！”“好的，我能想象当时的情境”或者“我明白你什么意思了”，当人们这样说时，你就知道视觉信道起了加强证明的作用。

第二个是听觉信道。当别人告诉我们一些事，或者我们听到一些重要的事情时，就使用了听觉信道。如果你的说服对象说“这听起来好像没错”、“这并没有告诫我什么”或者“这让我恍然大悟”，那么你应该知道这时起作用的主要是听觉信道。

第三个是知觉信道。感觉从这里进入画面（“进入画面”是一种形象的说法，你明白吗）。如果一个人凭感觉来判断、证明事情的时候，他会说“我只是觉得不对”或者“我觉得很好”。

仔细倾听对方所说的话，这会成为你的秘密武器。仔细分辨他们所使用的词语，你会找到线索，了解他们传达信息的规律。然后，在你提出要求的时候，也使用同样的信道。例如，如果你听到说服对象说：“你知道吗，我真的喜欢那种声音。”你只要回应道：“嗯，如果你采用这个型号，那么你的整个生产系统都会正常运转，没有噪声。”对于这个人来说，听觉方面的信息会很有说服力。用对方的语言说话，这样他就更愿意接纳你，并且接受你的要求。

技巧37 运用有效的“3F”技巧

“3F”技巧（Feel——感觉；Felt——感受；Found——发现）在销售领域已经使用了很长一段时间。如同大多数有效的说服技巧一样，它在生活的其他方面也是奏效的。这个技巧很特别，而且非常非常有效，它能在不同层面发挥作用。

这里举个例子来说明它的作用。“我知道你对它的感觉，我的许多顾客过去也有相同的感受，但是，当他们仔细看的时候，发现……”如果不是在销售领域，你可以把中间的“许多客户过去也有……的感受”改成“许多人一直有……的感受”。

有几个方法使这个技巧更有价值。

首先，它利用了同感的说服作用，让你与对方建立情感联系，

然后几乎可以完全避开他批判的眼光。如果你真诚地表达自己也深有同感，这个方法就会奏效，但是如果你刻意伪装，就可能会失败。

其次，告诉对方许多和他相似的人也有同样的感受，让他们知道自己并不孤单。人们乐于知道其他人也和自己一样。这个办法简单直接地提供了所谓的“社会认可”，让人感觉能够减少风险，你的说服对象也会因此感觉舒服一点。

最后，帮助他们发现解决之道。当你说“但是，当他们仔细看的时候，发现……”时，就使他们保住了面子。这是关键的一步，让对方感到在新的事实基础上作出新的决定完全没有问题。

COVERT 技巧 38 PERSUASION 过滤无用的多余信息

我们的大脑每一天都会删减、歪曲或者概括所接收到的信息，缩短或者取消那些无效的谈话。听起来很鼓舞人心吧？一旦你意识到了这一点，你就能够控制做事的时间及要达到的程度了。

首先是删减。这是很必要的，否则我们就会把所有的时间都用在描述每一件事的每一个细节上。生命太短暂，我们要说服的人能集中注意力的时间更是惊人的短，所以必须剔除一些不重要的细节。在此请你认真想想哪些是应该剔除的东西，因为人们经常把一些非常重要，并且能够帮助自己说服对方的潜在理由也剔除出去了。

其次是歪曲。“这是有史以来最差的电影！居然放了 4 个小时！特别的地方？我看和我 8 岁的侄子在家自己拍的差不多！”好吧，我承认歪曲了一些事实，但是，我相信你已经明白了我的意思。有的时候，为了证明某事，我们会歪曲一件事或者一种情况。但是，有意无意地，我们也经常对自己歪曲事实，在向别人描述某件事的时候，更是歪曲不断。它时常发生，有的时候能帮忙，但更多的时候会起破坏作用。因此，小心看好你的歪曲习性。

最后是概括。每个人每时每刻都在概括，它影响到我们生活的方方面面。我刚刚就做了一个简单的概括，我相信你能理解。

知道了这 3 个词的作用，我们就可以好好运用它们：删除你的提议中对方可能反对的部分，稍微夸大好处或者减少坏处，概括总结出有利于他的最终结果。既然人人都会删减、歪曲及概括信息，那就大胆加以利用吧，人们会更加乐于满足你的需要。

技巧 39 白纸黑字更有约束力

有时，你需要确定你的说服对象是否真正与你保持一致，实施了你请求他做的行动。因此，你要想办法让他们把承诺写下来。

这为什么会有用呢？这个技巧的隐秘力量在于，它能直接有效地对说服对象产生影响。让他们把要做的事情写下来，能够极大地增加他们真正做这件事的概率。写下来才是可靠的承诺方式。

所以，在说服对方的时候，记住要递一支笔给他。然后在恰当的时候，让他把行动方案写下来。让他大概描述一下方案是什么样的，让他写出如果你的承诺都实现的话，他最终会得到哪些好处。另外，还可以让他写出如果按照你的要求去做，他在上司眼里会有什么变化，把这些都写下来。他写得越多，承诺的约束力就越强，他就越有可能实践他的诺言。

说服别人的时候，别忘了你的秘密武器：纸和笔。

技巧 40 必要时，压低声音说话

这个技巧可没多少人知道。当你要商谈一些具有权威性或者秘密的事情时，它是最有效的。说同样的话，你只需要把声音（音调 / 声调）压低，就会被认为更可信，或者更权威。运用这个技巧的难点在于，你必须牢牢控制住自己的行为。

仔细听一下晚间新闻报道。主持人会压低声音，以一种严肃、权威的音调来播报。如果你换台到一个有趣的故事节目，主持人的音调就不一样了，他会让你知道这是轻松愉快的节目。仔细听一下地方或者中央电视台新闻节目的主持人播音，他们都很专业，通过运用声调、音高及嗓音的变化来传达信息。看电视也能让我们学到很多东西呢。

如果你能控制自己专注于目前的任务或者信息，那么你就能自由控制你那微妙但却强有力的陈述了。

人类的声音是弹奏灵魂的手风琴。

——亨利·沃兹渥斯·朗费罗

(Henry Wadsworth Longfellow)

技巧 41 用 80/20 法则抓住重点

身处商界的你，一定知道 80/20 法则。简单地说，就是 80% 的结果是从你 20% 的努力中获得的。这条法则几乎适用于你职业生涯和私人生活中的任何情况。

它有时也被称做“帕累托定律”，是以意大利经济学家维尔弗雷多·帕累托（Vilfredo Pareto）的名字命名的。他发现在他的时代，20% 的人占有着国家 80% 的土地和资源。

今天，这个概念被推广到了我们生活的各个方面，对于不同的范畴以及不同的国家都普遍适用。看看下面这些关于 80/20 定律的有趣例子吧。

当你思考怎么说服对方时，请记住，如果把本书中所讲的一些技巧结合起来使用就会达到事半功倍的效果。换句话说，使用本书20%的技巧可以为你赢得80%的成功。有时候，把几个技巧的作用发挥到极致比盲目使用大量的技巧要重要得多。

懂得80/20法则会帮助你成为更有影响力、技巧更高超的说服大师。

- 普通餐馆80%的收入是靠20%的菜肴赚得的。
- 80%的销售额是由20%的车型带来的。
- 20%的顾客购买了80%的东西。

技巧42 事先想好他们反悔时的对策

来自同辈人的压力并没有随着中学时代的结束而消失。我们经常很在意别人对我们购买的东西或者作出的选择的看法。有时候，就算你的说服对象按照你希望的那样作出了决定，但这并不保险，他很可能到最后变卦了。为什么？很简单，他们和那些对他们有影响力的人聊起这事儿，那些人告诉他们这样的决定是错误的，然后，他们迅速和你取得联系并改变了最初的决定。

这个过程就好像流感一样，把你从健康变得病怏怏。如果把你的客户将要接触到的人看做传染病毒，你的工作就是为你的客户“打预防针”，使他们坚持有利于你的决定不再更改。事实上，如果你能熟练运用这个技巧的话，其他人的行动和反应反而会巩固你的客户所作的决定。

当你试图说服一个人时，如果你对他会怎么反驳你，其他人会对他说什么已经想得很彻底，你就可以对你预见到的情况提前做好应对的准备。让我们假设你已经成功，让某个人许下诺言要配合你，但是不久他遇到的某个人试图让他改变主意。让我们看看该如何为他“打预防针”。

如果你能预见到将要遇到的阻力，你们就可以一起讨论应对的策略。比如，你可以这样说：“你我都知道这是一个正确的决定，因为我们了解所有的情况。但是，面对那些想知道你为什么这样做并且试图让你改变主意的人，你会怎么说呢？”

这个问题作用可大了。首先，它使你和你的说服对象站到了同一个立场上。当你说“你我都知道”的时候，你们就在一条战线了，你们对这件事有着一致的理解。其次，我们认为这个决定是正确的，“因为我们了解所有的情况”。这句话的力量非常强大，因为我们使用了“因为”这个词。前面我们讨论过，“因为”这个词就像一个有魔力的思想扳机一样，能立刻为决定提供一个原因和基础。再次，我们提到我们掌握了所有的情况，这就将一个以感情为基础的决定转化成了以事实为基础的决定。除了给发生的事情贴的标签以外，什么都没有改变。最后，我们用一个直接问句结尾，它让你的说服对象自己来维护这个决定。这是一种操练，在未来到来之前进行某种角色扮演。这样一来，你的客户就获得了免疫力，就算你不在场也能独自对抗外来的压力。现在，他们坚持决定，满足你的要求并且帮你达成最终目标的确定性大增。它真的有效！

如果你的说服对象虽然同意了你的请求，但总显得有些犹犹豫豫的话，就用这个重要的问题为他们打预防针，让他们坚持已经作出的决定。这个技巧起作用，就是因为它在批判意识到来之前关上了通向决定的大门。只有真刀真枪地运用才能更好地理解，用这个问题来给你的说服对象打打预防针吧，你会看到它的力量。

技巧43 记住，说服并非只有一条路径

有时候，要想成为最有说服力的人意味着你得成为最灵活的人。灵活不仅是你运用各种技巧的关键，同时还是你实现目标的关键。

想象一下，假如你明天早晨在上班的路上发现有一座桥坏了，你会怎么办呢？我敢打赌你不会坐在那里傻等，也不会返回家睡大觉。相反，你会走旁边那条你一般不走的路，这时，你就创造性地发现了一条通往最终目的地的替代途径。

在说服的过程中。有时即使我们花了时间思考整个过程，结果还是会失败。然而，这并不意味着最终的失败，除非你自己承认它是。因此，最好的办法就是假设“桥坏了”，然后找一条新路来达到你的目的。注意，你的目标根本没有变，你仍然会到达同一个目的地，只不过使用了不同的手段而已。这就是行动中的灵活技巧。

把你在某种情况下可能会用到的隐秘说服技巧全都列在一张单子上，做成你的“地图”。然后，当某条路堵上了的时候，只需要拿出地图，选择另外一条路就可以了。

想一想孩子们是怎么要到自己想要的东西的。他们非常坚持，不停地要了再要。有的时候他们会用同样的办法要，但也经常想出一些有创造性的办法。有时他们甚至会讨价还价，也许会承诺做一些家务。对于某件事情，他们有自己的看法，直到试过每一种可能都不行以后才会放弃。如果我们也有这种执著的态度，并且使用灵活的方法，成功就会多过失败。

技巧44 关键时刻要有同理心

隐秘说服力要想获得持续成功，还需要很多特质，其中一点尤

为突出。是什么呢？同理心。你也许会说，把同理心作为一种技巧？是的。

培养同理心是关键。如果你想说服的人认为你投入了感情，由衷地关心他们，你的说服行动就有可能成功。这是任何时候都适用的真理。为了证明这一点，我们可以想想相反的情景，如果你的客户认为你虚情假意、漠不关心，甚至可能想操纵他们，那会是什么样的情景呢？没有人真心愿意与这样的人合作。必须让他们认为你真诚、值得信赖并且和他们感同身受，否则他们会认为你是个危险分子。这真的是非此即彼、完全对立的两种情况。

什么是同理心？就是理解别人，从别人的角度看问题，设身处地为别人着想。当你能做到这一点，更重要的是，当其他人认为你在这样做的时候，你马上就会更有说服力，他们也会尊重你的想法。

你真正该做的是让别人相信你。你首先要推销自己，然后才是你的创意、你的事业或者你的候选人。

想悄悄体现你的同理心，你必须发自内心地关心你的说服对象。要想清楚地和对方交流，问他问题，让他谈谈他真正想要什么，这个办法准没错。比如说："在我看来，你真的非常关心接下来将要发生的事，能具体谈谈你的想法吗？"这样的问题可以让他们说出你想知道的内容。

而且，把句子倒装，可以让他们更清楚地看到你和他们一样真诚关心同一个结果。你也可以这样说："我理解，我也有同感。我跟你一样认为这是最重要的。既然我们在这一点上达成了共识，那就一起做吧。第一步明显应该做 X，你是愿意做 X 还是愿意做 Y？"很显然，你提出的行动建议将会引导说服对象朝你的目标走来，同时也帮助他们朝自己的目标前进。

技巧45 不妨用用模糊语言

使用这条技巧的时候，想一想那些政客们，他们对这一技巧的掌握几乎到了炉火纯青的地步。这条技巧教你修炼一种功力——说一些毫无意义的话听起来却又头头是道。为什么呢？因为你的目的就是要让对方从各自的立场出发，赋予你所说的话不同的意味。

例如，“我们国家的整个税收体制都需要改革”。这句话其实什么都没有说。每一个人都可以得出自己的结论，然后单纯地相信这位候选人从内心希望改革弊制。有时候，说服就这么简单。通过这样一番说辞，一个精明的政客就能让人们投他一票。简直令人难以置信，不是吗？

另外，那些在报纸上写星相预测文章的人也习惯巧妙地使用模糊语言。看起来他们好像说了点什么，但是如果你再客观地看一下，就会发现他们实际上什么都没说。有些人每天都读这些文章，他们会把这些预测具体化，然后套用到自己的生活中。模糊的语言能够被他们转化成具体而真实的含义！然后，他们就开始相信占星术的确具有预言力量了。看多了关于未来的小预言，你就会发现所有的星相说的都是同一个预言。

通常在说服一个群体的时候，这种办法最为有效。例如，当你对一群人发表演说或者正式演讲的时候，你希望观众同意你的观点，有技巧地使用模糊语言能够让人们从你所说的话中得出不同的具体含义，最后他们都会支持你的立场。关键是要使用具有普适性的笼统语言，然后让你的听众归纳出特殊的意义。

我曾经和一家全国最大的钢铁公司的董事会主席一起共进午餐。我把他介绍给一些来自各行各业的董事和领袖。他向大家简单讲了讲目前企业中十分欠缺而又的确需要的两种品质：道德规范和正义感。这位主席接着说，如果没有坚固的道德基础，企业将走向会失败。正是由于缺乏强大坚固的道德内核，才会发生世界通信公司（WorldCom）和安然公司（Enron）那样的悲剧。

屋子里的几百个人都点头表示同意。他讲完之后，好几个观众都找我拷贝他的演讲稿，想把他的核心思想——成功建立在道德和正义的基础上，带回自己的公司。

这是一个非常好的使用模糊语言的例子，它激发人们行动起来，改善自己的状况，并最终改善整个世界。讲得好的模糊语言能够使人们采取积极的行动。当然，这种影响是潜移默化的。

COVERT 技巧 46 PERSUASION 两个假，一个真

你有没有注意到，很多论点都由 3 个判断组成。这也许是最经常被用到、最有说服力以及最成功的办法。（你注意到了吗？这句话就由 3 个判断组成的。）

这里的关键就是把 3 个判断放到一句话里，向你的说服对象提供“大量可控制的信息”，在他的脑中制造一点点混乱。只要这 3 个一组的假设中有 1 个明显正确的事实，对方的思维就会扩展进而接受其他 2 个。他会想既然有一个是真的，那么其他 2 个可能也是真的。

心理学家通常认为，我们有能力从一组对话信息中辨析处理至少 3 种假设。然而，如果有不止 3 条信息，就会超出大脑的鉴别能力。由于人的大脑习惯以固定模式思考，而且高效运转，因此，如果其中一个信息是真的，它会立刻做出判断——在大多数情况下，其他所有信息都是真的。正因为如此，使用这种方法就能得到别人配合。

在作说服之前的准备工作时，你可以写下你希望说服对象最终

产生什么样的感觉。知道了目标是什么，哪些判断是正确而真实的，才能带领对方朝着目标前进。

假设你想让某人感觉“有信心”，那么最好用一张纸记满你认为能够增加“信心”的方法，然后在说服他的时候用上 3 条。你要确保其中 1 条明显正确，另外 2 条则是专门设计出来的。这个技巧让对方认为，既然其中 1 条是真的，那么，另外 2 条也是真的。换句话说，你的说服就要成功了。

如果你不能说服他，那么就扰乱他。

——哈里·S. 杜鲁门（Harry S. Truman）

技巧 47 给声音加上着重号

这个技巧很难在纸上说清楚，但是我们会尽力讲明白。通过改变音调和有技巧的停顿，你可以用声音作出记号，在强调某个问题的时候施加影响。

练习这一技巧的最佳方法就是把你打算说的句子都写下来，然后用荧光笔把你想强调的地方都划出来，最后，对着录音机大声读出这些句子。反复多录几遍，直到你能充满自信、流畅自如地读出所有句子。然后休息一下，四处走走。在尽可能长的一段时间之后，你再回来，听听刚才的录音，问问自己能否被这些论据、立场或者要求所说服。要诚实！你能将自己说服吗？这时，我们要做自己最苛刻的批评者。

当你的声调包含了比话语本身更多的含义时，就产生了重音。当你把这些重音和命令、问题及声明结合在一起的时候，你的舌头就产生了最大的说服力。

- 命令通常应该用降调。
- 提问时句末应该用升调。
- 声明通常用平调。

随便找一句话来读，每次把重音放在不同的词上，你会发现每次的含义完全不同。让我们试试说这句话："我不知道他惹客户不高兴了"（以下加粗标出重读部分）。

当你说"**我**不知道他惹客户不高兴了"的时候，你是在为自己开脱。当你说"我不**知道**他惹客户不高兴了"的时候，你的意思是你本来有一个很好的主意可以应对发生的事情，但是你不知道发生了这件事。当你说"我不知道**他**惹客户不高兴了"的时候，你的意思是你意识到客户不高兴了，但是却没有意识到是他造成的。

最后，当你说"我不知道他惹**客户**不高兴了"的时候，你承认自己知道他惹恼了某人，但却不知道被惹恼的正是客户。

从这个简单的例子可以看出，句子重音所处的位置能够极大地影响要表达的意思。如果你打算谈论的事情很重要，那么我强烈建议你把要说的话写下来并且练习如何去说，确定到底要把重音放在什么位置。如果你打算到时候随便碰运气，就等于白白把机会交给运气去主宰了，后果你可是吃不消的。

COVERT 技巧 48 PERSUASION 重在参与

如果对方主动想参与到你实现目标的过程或者经历中来，他们的身体语言也会不由自主地表现出配合的姿态。有一点已经得到了普遍认可，即如果你能使某人的身体（或者是思维）朝着对你最有利的方向移动，就意味着他开始同意你并且配合你的要求了。

有很多办法可以让别人的身体动起来。如果你需要其他人帮你一起组织一场大型会议或者其他活动，那么可以先请他们帮你搬搬椅子。搬椅子的行动会让他们感觉自己对这个活动拥有部分主动权。接下来，与此有关的请求才更容易成功地被接受。

如果你正在进行推销，那么让顾客参与进来是非常关键的。我还记得当我推广无线电广告的时候，会故意在填写销售计划书时出一两个错，然后顾客就会拿笔改正这些错误。这听起来微不足道，但是却让他们参与进来了。他们开始觉得自己对这个项目负有责任，于是你们开始交流，最后完成了更多交易。

人们只有参与到整个过程中，才会愿意配合你的要求。这听起来太过简单，恐怕难以有效，但事实并非如此。让别人参与到你的经历当中，他们才会投入更多精力，作出更多承诺来配合你的要求。只要他们的身体参与进来了，思维就会紧跟其后。

我曾经做过一个演讲，关于态度对说服力的影响。在演讲过程中，我让每个人都站起来，抬起一只胳膊，用食指指向天花板，再用另外一只手重复这个动作，然后尽可能地哈哈大笑。接着，我让他们环顾这个房间。此时，每个人都发自内心地开怀大笑。接下来我让他们重复这个过程，其他动作不变，只是把大笑换成沮丧。但这次失败了。为什么呢？因为他们的身体已经被调动起来，在做积极的动作，思想也是积极的，无法立即变得沮丧。由此我得出结论，通过邀请对方积极参与，可以控制他的思想状态。

记住，让别人参与不但可以迅速说服他，更可以悄悄地说服他。

技巧49 用自信感染他人

作为一个职业说客，你的态度与成功息息相关。完全有关吗？

是的。一切都取决于你。如果你能全面控制自己的态度，并且保持积极主动的倾向，那么你说服别人的可能性就会大得多。

情绪从你的内心开始，然后像病毒一样传染给你的说服对象。你可以将它看成是想法、理念以及行动建议的转移。一旦成功，你的说服对象就会和你一起分担承诺的压力，分享激动的心情。那么如何利用态度来隐秘地说服别人呢？

“积极期待”就是一种能影响最终结果的态度。简单地说，如果你热切盼望成功，那么你就很可能会成功。这种无言的情绪对你的说服对象充满了感染力，他们吸收以后会回馈给你。知道了这一点（当然它是真的），你就应该引导并且控制自己的态度，从而使周围的人也摒弃原先的旁观状态，采取同样积极的态度。

要想把这一点变成可以每天使用的技巧，你就必须投入精力来保护自己的想法，不能让任何陈旧的想法进入。想一想过去人们是如何守城的吧。厚厚的城墙，还有大批带枪的士兵。所以在你的大脑四周也要筑起一道城墙，对想要进入的思维、想法严格排查。当你能够保护自己的思想不受他人消极想法干扰时，你就成为别人喜欢追随的那种人了。你会流露出一种真正的自信，还有一种鲜明可见的确定感，人们愿意跟从并且支持这样的你。

集中精力改善你的态度并保护它不受任何不利因素侵扰。你的态度改善后将会形成巨大的感染力量，激发其他人用行动来支持你。所以，用自信感染他人是很重要的。

COVERT 技巧 50 PERSUASION 音乐也是说服的好帮手

这个独特的技巧令我着迷。我们已经用几个故事讨论过音乐的功能，但是却没有真正说明它为什么会起作用。音乐与人的精神和身体有某种生理关联，但是却没有人能够完全讲清个中奥妙。

我们会一遍又一遍反复听自己喜欢的歌曲或唱片，而对于研讨会、培训却只去一次，书通常也只读一遍。这不是很奇怪吗？我们为什么要听音乐？是什么让音乐和我们相连呢？

这可不是个小问题。我们没有足够的篇幅详细探讨这么大的一个话题，却可以把关注点集中到一些具体的说服类型上，那些说服我们的观点每天随着声音、节奏和鼓点进入我们的生活。你能否想起在某些时刻、某些地点，音乐左右了你的思维和行动？

其中一个例子就是广播里的配乐广告，你每天要听上许多遍。它们能说服你掏腰包吗？是的！每年，成百上千万美元被投入到制作这些音乐上，尽管只有珍贵的几秒钟，却发挥着巨大的作用。音乐还可以在哪些情况下帮助我们说服别人呢？

- 消闲音乐：休假的时候，经典的假日音乐会让人安静下来，进入一种购买冲动状态。
- 商店音乐：商店里的背景音乐会使人们的步履协调一致（舒缓的音乐＝缓慢的脚步）。
- 工作音乐：节奏轻快的音乐让人心情愉快，事情也会进展顺利。

如果可能的话，在说服过程中加入音乐。开会的时候可以放快节奏的音乐，表明你希望继续大步前进。你还可以为你的产品或者服务制作配乐广告，利用音乐这个强大的说服武器。在合适的地方放合适的音乐，你就会发现对方的注意力开始提高，说不定就答应你的要求了。

技巧 51 在他高兴时趁机说服

在有意识地持续做某件事一段时间之后，人们很可能会放肆一下，来点叛逆的行为。如果成功减掉了 10 磅（1 磅 = 0.4536 千克），那么他很可能会吃个奶昔冰激凌或者一块蛋糕来庆祝一下。捐献了一笔善款的人很可能会自我炫耀一下。一个刚刚启用了退休金账户的人，很可能买一辆新车。

人们很可能在这些情况下产生逆反行为，知道了这个特点，你就有机会暗中说服他们朝着对你最有利的方向前进了。

例如，你可以说："恭喜你所取得的成就，你不认为应该犒劳一下自己吗？"这是一个很棒的引子，然后说服别人去某个地方度假、吃顿大餐或者给自己买辆新车。你帮助他们选择的行动就是对你最有利的那个。

技巧 52 别让顾客有太多的选择

人们总是喜欢有大量的可选项，可以试试这个，挑挑那个。但往往只有在选择不多的时候，他们才会购买。关于这一点，有人已经做了大量的研究，每次都证明事实如此。其中有一个是关于杂货店提供免费试吃样品的。

实验中，商店先是提供多种果冻供顾客品尝。结果许多顾客尝了果冻，却没有掏钱去买。然后，商店减少了可以试吃的品种，实际购买的人却增多了。可见较少的选择可以带来更好的销售。

这一原则在我们生活的许多方面都普遍适用。买一辆车有几种颜色可供选择呢？ 6 种或是 7 种。这个时候，选一个颜色非常容易。但在另外一种情境下，比如选择一种颜色来刷墙，就大不一样了。

理论上，你可以有成千上万种选择。在这种情况下，选择变得非常困难，而且很费时间。

人的大脑一不留神就容易超负荷。在对新入职的推销人员进行培训时，往往会告诉他们不要“啰里啰嗦”过分推销他们的产品，因为这样做的结果很可能是“说着说着就把顾客说跑了”。这里就有一个“信息过量”的问题，它给人们造成了困惑。人们在困惑的时候会怎么办呢？什么都不干！他们待在原来的轨道里观望，不作决定，或者更糟，他们会变得极端保守并决定什么也不买。对你的推销或者要求，回答就变成了“不”。

想悄悄说服别人听从自己，就减少他们选择的数目。这样，他们才更有可能跟随你的行动。因此，在向客户提供选择的时候，要限制选项的数目，这样成功的概率才会增加。

技巧53 要有目的的提问

当别人试着告诉你点什么时，你会出于本能地抵抗，对吗？尤其是当一个人想控制别人的行动和决定，使对方相信该做什么以及如何决定的时候，这种“抵抗”最有可能发生。

我们都喜欢自己作决定，对生活的状态、情境得出自己的结论。我们喜欢事事都在掌握之中，而不喜欢被别人呼来喝去。如若不然，对我们成年人的自尊心是一种打击。

为了说服别人达到你想要的结果，最好的办法是通过提问让对方参与进来。但是，所有出色的律师都知道，不要问那些与你的目标无关的问题。即你必须在提问之前预计到即将出现的答案。

你只需简单提几个问题就可以使说服对象自行得出结论。不论他们是大声回应你，还是在心里默默回答，都是他们愿意相信的——

自己的声音。这一点可以帮助你更好地设计要问的问题，从而保证得到你希望的答案。

技巧 54 适当透露一点私人信息

这是我最好的建议之一。它使我在听众面前显得真实可亲。当我真实的、人性的一面显现的时候，我和每一个听众在精神和情感方面的交流就更加牢固深入。

人们希望你是真实的，你也会感觉痛苦，他们希望你深深地理解他们并且和他们有共同的经验，这些经验能够对他们的生活产生积极的、强烈持久的影响。

如果要说服的人不止一个人，这种技巧就能发挥最好的效果。不论是公司里的小型会议，还是和委员会委员一起，甚至是在几百人面前，你都必须是一个人性化的交流者。可以与别人分享一些简短而私密的故事，比如你是如何陷入尴尬境地，最终又如何成功摆脱的。

你的说服对象会从内心对你和你的真诚表示认可。他们会觉得自己和你很像。一旦建立这种隐秘的联系，他们就会减少防卫心理，你的新观点才能进入他们内心并占据主导。

技巧 55 让他快速做决定

每次谈判、交流或商议，都有一个作出最后决定的关键时刻。

“我**今天**必须知道。”

“如果我们在 **9 月 30 日**之前还未达成交易，我就让其他人做了。”

“如果你**今天**购买，可以享受 9 折优惠。”

现在就要作出决定。在某些情况下，如果不能马上作出明确决定（是的，我会开车到警察局门口，我可不希望这张罚单金额上涨），事情就有可能变得更糟。几乎所有需要人们进行思考的决定——大部分决定根本不需要思考或者有意识的注意——都会令人们前后思量、犹豫不决，尤其是在最后决策之前。

要知道，如果人们心里反复想一件事，那么他们在下午 5 点所作的决定可能就和 5 点 5 分的完全不一样。人们的想法每时每刻都在变。除非他们有坚定的信念，否则总会犹豫，只是犹豫的强烈程度不一样而已。今天想："不，绝对不是的。"明天也许会想："嗯，也许吧。"后天就变成："我不这样认为，但是，这有可能。"

就像钟摆总是来回摆动，秋千上的小孩忽上忽下，我们的摇摆不定不仅每天发生，而且每时每刻都在发生。"是"和"否"的回答每时每刻、每分每秒都在变化，只是程度可能不同。

除非你打破这种平衡，否则，左右摇摆的情形绝对会一直持续下去。这时任何一点改变都会导致最终结果的变化。

说服之后，就别让他反悔

在你运用上述隐秘说服策略说服你的对象后，他有可能作出决定后又反悔，这时你再运用下面的说服技巧，你的说服更加完美。

说服之后，他的行为有变化吗？

一旦人们被说服去做什么事，短期内他的行为一定会有变化。或者是不做这件事而去做那件事，或者是不相信这件事而去相信另一件事。然而，即使是很虔诚的信仰，也可能经常改变。一个人的信仰越公开，他就越有可能去维护它。教堂里的牧师比坐在第 30 排的一个教民更可能坚持自己的信仰，因为他每周都要在布道和祈祷的时候公开自己的信仰。

那些没有公开的信仰和行动计划更可能因为被劝说而改变。

一个要减肥的人，如果参加了减肥训练班或者类似的聚会，就更有可能坚持下来并取得成功。但只要她不再去上课或者参加聚会，那么她十有八九会停止减肥计划，和以前一样大吃大喝，不做运动。

越关注别人对自己评价的人，听从新观念或者采取新行动的愿望就越强烈。

抓住反悔的辫子

说服了，又后悔了？是的。一旦某人被说服了，他很有可能会思前想后，开始后悔自己的决定。有时这种想法非常强烈，甚至使他立刻改变主意，取消购买计划或者拒绝某份工作。

要想消除这种特殊的心理反应，你就要在他决策之前，预想自己可能产生的后悔情绪。这样一来，当他们想改变信仰或者行为的时候，就会预料到改变以后的情况，也就不那么紧张了。

在“9·11”事件中，那些消防队员是经过别人的动员和说服才冲进大楼救人的吗？他们是不是也曾感到犹豫踌躇？你雇用会计帮你整理账务和合理避税。你的私人训练师帮你改正缺点。厨师呢？负责做饭。警察呢？维护公共安全。但是当飞机撞向大楼的时候发生了什么？那些消防队员迎着纷纷向下逃难的人们上楼的时候，心里又会怎么想呢？

我们对此无从得知。即使那些幸存的消防队员声称他们记得当时的情形，并讲述了自己在危难时刻的所思所想，其实都可能是想象出来的。这就好像对诺曼底反攻日的回忆一样。消防队员接受过应对灾难的训练，他们会敏锐地维护自己的安全，但冲进世贸大厦恐怕不是经过别人动员和说服的吧。

许多跳窗轻生的人，在跳窗之前都会给自己的爱人打个电话。黑色灾难日那天，在宾夕法尼亚坠落的那架飞机上的乘客也是一样。踌躇彷徨往往在这些特殊情况下产生。与爱人同生共死的愿望、求生的欲望、以自己选择的方式生活、做着自己喜欢的事情离开人世等，我猜他们肯定会有踌躇，但是都屈服于自己的目标了。那些战争中的老兵毫无疑问也曾经有过类似的感受、想法及踌躇。

对于更寻常的事又会怎样呢？买一辆车？接受或拒绝别人的约会邀请？接受或拒绝别人的求婚？

越靠近，越恐惧

大量证据表明一个人离他的目标越近（比如结婚日），就越可能产生后悔的心理。

人类在失去“自主权”的时候，往往会感到害怕和焦虑。当一个决定逼近，哪怕只是中午在哪家餐馆吃饭这样的小事，人的内心也会产生焦虑，并对结果感到软弱无力。

许多研究表明，当目标临近的时候，人们对它的排斥感反而会越来越强烈。这经常会导致自我阻挠或者其他破坏行为出现。因此你就不难理解，为什么人们常说他们打算来年投资401K养老计划(401K养老计划是指根据1978年美国国内税法401K条款的规定所确立的一种由雇主发起的养老计划。——译者注)，但一到要向账户里存钱时，他们却又反悔了。所以，可以利用这一点，让你的说服对象接受你的说服。

踌躇的秘密

踌躇本质上不同于犹豫不决。当人们处于有未知变量的环境中时，踌躇是一种正常并且有用的反应。

- 踌躇是在两个或两个以上可能性之间摇摆。
- 当最后期限临近的时候，摇摆会愈加剧烈。
- 随着最后期限的逼近，焦虑和恐惧会明显增加。
- 最后不得不作出决定时，人们宁愿不去选择，而保留自己选择的自由。

一个女人同时喜欢两个男人，但她选择了 A（男人一般不选择女人，尽管你所相信的宗教或进化论告诉你这不可能），她决定："我要和安德鲁共度一生。"但是当她真的要开始与安德鲁共度一生的时候，她就会开始怀疑自己是否犯了一个大错误，并且重新开始考虑比尔了。没错，她一个月前才甩掉了比尔，但是如果她再考虑一次，比尔很可能就成了那个更好的选择。这可是千真万确。

不仅仅是女人才善变

善变并不是女人的专利。我妈妈常常告诉我："善变是女人的特权。"我总认为这不过是个糟糕的借口。如果不是每个人都喜欢改变主意，善变的确就是女人的特权。但是大部分人在目标邻近，或者其他选择都被抛弃了的时候，都可能会改变主意。

踌躇有时明显地表现在行为上，有时却没有。但不论怎样，它都已经在人们的心里悄悄滋生了。

如果你正试着说服一个人，要意识到他的内心也有一场激烈的对话交锋。在是否配合你的问题上，他犹豫不定。一旦他流露出向你倾斜的意思，你就要抓住机会，用提问方式促使他作出承诺。然后，用打预防针、求得许诺、要求前后一致、邀请对方参与等隐秘说服技巧巩固你的战果。

第5章

场景说服中那些具有魔力的词汇

COVERT PERSUASION

平常多留意人们描述个人工作、生活经历时最常用的词汇及他们当时的感受，然后将你认为最有说服力的词汇列成一份清单。经常翻翻这份清单，当你需要说服他人时，你就会自然而然地选择恰当的词语。

事实证明，有些单词比其他单词更有说服力。下面我们就开列一张英语中最有说服力的词汇清单，当你设计广告词、参加辩论或者与人交谈的时候，记得翻翻这几页。对词语的选择比许多人想象的要重要得多。英语中最有说服力的 12 个词是：

你（You）、**金钱**（Money）、**节省**（Save）、**结果**（Results）、**健康**（Health）、**简单**（Easy）、**爱**（Love）、**发现**（Discovery）、**证实**（Proven）、**新**（New）、**安全**（Safety）、**保证**（Guarantee）。

对于营销，不妨再加上 12 个：

自由（Free）、**是**（Yes）、**快速**（Fast）、**为什么**（Why）、**如何**（How）、**秘密**（Secrets）、**销售**（Sale）、**现在**（Now）、**力量**（Power）、**宣布**（Announcing）、**利益**（Benefits）、**方案**（Solution）。下面我们列出适用于推销、营销、约会以及其他任何交流活动的词汇表：

受欢迎的	Acclaimed	进步	Advancement	惊讶	Amazing
宣布	Announcing	吸引	Appealing	最后	At Last
注意力	Attention	真实	Authentic	意识	Aware
讨价还价	Bargain	因为	Because	推进	Boosts
突破	Breakthrough	挑战	Challenge	变化	Change
选择	Choice	经典	Classic	舒适	Comfortable
比较	Compare	完成	Complete	方便	Convenient

续　表

值　得	Deserve	折　扣	Discount	发　觉	Discover
发　现	Discovery	尊　贵	Distinguished	容　易	Easy
简　单	Easily	有　效	Effective	活　力	Energy
例　外	Exceptional	兴　奋	Exciting	独一无二	Exclusive
经　历	Experience	富有经验	Experienced	专　家	Expert
非　凡	Extraordinary	快　速	Fast	自　由	Free
新　鲜	Fresh	有　趣	Fun	保　证	Guarantee
治　愈	Heal	帮　助	Help	诚　实	Honest
如　何	How To	尽　快	Hurry	想　象	Imagine
重　要	Important	改　良	Improved	不可缺少	Indispensable
难以置信	Incredible	见多识广	Informative	立　即	Instantly
亲　密	Intimate	引　介	Introducing	难以抗拒	Irresistible
最后机会	Last Chance	爱	Love	奢　华	Luxurious
魔　法	Magic	奇　迹	Miracle	金　钱	Money
能挣钱	Money-Making	能省钱	Money-saving	自　然	Natural
自然地	Naturally	新　的	New	现　在	Now
提　供	Offer	原　创	Original	战　胜	Overcome
心态平和	Peace of Mind	完　美	Perfect	请	Please
乐　意	Pleasure	增　加	Plus	流　行	Popular
力　量	Power	有力地	Powerfully	实　用	Practical
预　防	Prevents	减　价	Price Reduction	有利润的	Profitable
承　诺	Promise	证　实	Proven	迅　速	Quickly
意识到	Realize	推　荐	Recommended	复　原	Refreshing
放　松	Relax	可　靠	Reliable	解　脱	Relief
缓　解	Relieve	显　著	Remarkable	研　究	Research
结　果	Results	无风险	Risk Free	改革的	Revolutionary
浪漫的	Romantic	安　全	Safety	销　售	Sale
满　意	Satisfaction	拯　救	Save	科学的	Scientific
秘　密	Secret	安　全	Security	感　动	Sensational
服　务	Service	简　化	Simplifies	安　慰	Soothe
特　价	Special Offer	地　位	Status	停　止	Stop
刺激的	Stimulating	震惊的	Striking	时尚的	Stylish
高　手	Superior	稳操胜券	Surefire	令人惊讶	Surprising
谢谢你	Thank You	及时的	Timely	真　相	The Truth About
传统的	Traditional	值得信赖的	Trusted	最　终	Ultimate
无限的	Unlimited	与众不同	Unusual	有用的	Useful
有价值的	Valuable	有需求的	Wanted	警　告	Warning
你	You	你　的	Yours		

你该如何运用我告诉你的这些词汇？它们能帮助你获得你想要的东西吗？用它们来写信？印成小册子？还是用于口头交流？下面这几个例子也许能帮助你了解如何组合这些词语，接近你的目的。

“经过科学证明，这个项目包括3个简便易行的技术，它们将永远改变你的生活。”

“你想省钱吗？”

“你打算如何探寻这个新理论的秘密？”

使用这些词构成恰当的问题，从而更大地发挥它们的影响作用。一个问题可能蕴藏着深厚的力量。如果你善于发问而不是陈述，你就能成功地激发别人的内在冲动，变得愿意帮助你。

不同的词汇，不一样的感受

我曾仔细留意过人们描述生活经历时所使用的词汇，这些词语影响着他们当时的感受。如果你说“我彻底完了”和说“我很奇怪，为什么事情会变成这样”，在你身心中产生的感受是不一样的。你说出的词语就成了你所体验到的感受，因为你通过语言创造了一种事实，而你的思维就集中在这个事实上面。

心理学对此有一项专门的研究。美国语言学家、哲学家、政论家诺姆·乔姆斯基（Noam Chomsky）1956年曾经提出了一个理论，叫做“转换语法”。它的前提非常简单，如果你改变你所使用的词汇，你的感受和心理状态也将随之改变，这时你能够立刻感觉到语言的力量。改变你的词语，你的内在感受也会得到改变。

自我评估测验

假设你处于下面这个情景，选出最适合你的决定、反应、回答或行动（可多选），你将更好地把握自己以及说服对象的思考方式。

你正在参加一个重要的公司会议，会议宣布公司目前遇到了一些麻烦，智能玩具“大个子乔”卖不出去了。事实上，一些小孩子被它打伤了，他们的父母正在起诉这家公司，形势非常严峻。因此，为了自救，公司决定从 4 000 名员工中裁员 500 名，你和你的一些朋友就在这 500 名之列。你的大脑开始飞速旋转，你会怎么办呢？

A. 你非常生气。你为公司工作了 5 年，勤勤恳恳，兢兢业业。他们就这样回报你？解雇！难道忠诚就这样一钱不值？这不公平。那些能够留下来的人其实非常懒惰。为什么他们能够留下来？你非常生气。

B. 你问自己为什么他们把你包括在这 500 人当中。你问自己：“我到底哪里做得不够好？”

C. 你立刻开始找新的工作。你有一种解脱的感觉。其实你从来没有喜欢过这家公司。现在，你觉得这未尝不是因祸得福，终于还你自由了。你越这样想，就越为眼前的其他机会感到兴奋。

D. 你的朋友们都认为这太不公平了。他们已经跟律师沟通并准备起诉。他们写了共同起诉书，向地方政府提交申请书，打算把属于自己的工作要回来。他们说得越多，你就越感到他们是对的。你也认为你们受到了不公平待遇，应该要回自己的工作。于是你和他们站在了一边。

你会采取以上的哪个反应——A、B、C，还是 D？你的选择极大地反映出你目前的世界观。

A =对世界愤愤不平——持一种“他们欠我的”态度

B =质疑，但你还是会接受它

C =一种“塞翁失马，焉知非福”的态度

D =权利意识、群体公平观念或民主同盟精神——“他们欠我们的”

注意你所选择的反应，以及你在特定情况下所使用的词汇。

关键在于：你必须认识到，是你选择了描述自己经历所使用的词汇，最后它们就变成了经历本身。你可以选择你的重点，你有责任控制自己的情绪。选择了某个词汇，你就选择了某种感受。

因此，尽量使用能够改变情绪的词汇。参考本章开头的词汇表，让它们在你的日常用语中更多地发挥作用吧。

第6章

心中有目标，说服更有效

COVERT PERSUASION

当你预先设定好目标，并坚定地朝实现目标努力时，你的影响力会更强大，成功说服他人的概率会成倍增长。因为这一切源于你的内心，你的自主意识是一切成功的源头！

和别的事情一样，在目标结果预先设定的情况下，隐秘说服才能发挥其最佳效果。

你想要的东西、想成为的人或者想做的事，这一切都源于内心。你的自主意识是一切成功的源头。首先要在心中勾勒出你想要达到的目标，无论它是一个人也好、一个地方也好，或是其他什么东西，然后你才能制订计划去实现它。

当你还是婴儿的时候，如果感到饿了，想要引起父母的注意，你是怎么做的呢？大声哭叫。这招的确奏效，你马上就赢得注意，然后被喂得饱饱的。

这就是成功说服最基本的例子，也是“专注目标思维”最基本的例证。婴儿先有欲望（解除饥饿的痛苦），然后采取了行动（大哭），目的是得到想要的结果（填饱肚子）。

说服始于你的意识。你越清楚自己真正想要什么，就越有机会去实现它，成功的可能性也越大。

我试图寻找将成功人士与普通人士区分开来的关键原因。那些成功的人究竟是如何超越芸芸众生，使自己与众不同的呢？结果我发现真的有很多不同……

成功只因专注于结果

真正成功的人和那些苦苦追求成功而不得的人之间显然存在着巨大的差别。你想知道那是什么吗？它就是始终专注结果。不管你想取得什么成功，都要经受磨炼。磨炼意味着百分之百的努力、持之以恒的专注，还有不达目的绝不罢休的坚强动力。

然而令人惊讶的是，当今各行各业的从业者中，大部分人都缺少这种驱动力。正因为如此，当你树立起专注于结果的意向，并且将它内化为一种强大的力量时，你达到预期目标的成功率便会成倍增长。

专注结果是指在心中描绘出目标蓝图，然后规划好达到此目标所要采取的行动，并且坚决采取行动的一种心智力量。它好处多多，但绝不是说它可以将每一个条件都转化成你可以利用的机会。

你只要能比对手多想一点，哪怕只是一小步，这也将成为你制胜的关键。那谁是你的对手呢？就是存在于你的目标与现实之间的每一个障碍。大多数人都遇到这个问题，他们不知道自己究竟想要什么。他们缺乏焦点，注意力不断分散，然后就放任自流了。

这种专注于目标的努力，贵在坚持。任何事情都可能分散你的注意力，消耗你的能量，最终会导致你偏离目标，变得漫无目的。到那时，你不仅迷失了方向，而且疲惫不堪。你已经浪费了精力和时间，再也找不回那些失去的分分秒秒了。

设想一下，如果你离生命尽头只有一天的时间，你会有什么感受。你是否很好地度过了你的岁月？你是否充分利用了时间？你离最终目标是不是更近了？如果不是，不要责备自己，重新集中精力，从明天早晨开始，朝着目标继续努力。每天都是一个新的开始，你仍有机会去做该做的事，朝你的目标前进。

幸运不会从天而降

你是否认为有些人不过是运气非常好？当你看到那些工业巨子时，有没有这样想过：他们因为受到命运的垂青，所以事业一帆风顺。

停止这样的想法吧。你怎么会这样想呢？真是大错特错啊。他们靠的根本不是运气，而是付出了艰辛的努力，才获得成功。不同点就在于是否专注。成功的人具备这种品质，他们非常清楚自己想要什么，持之以恒直到取得成功。成功人士随时注意把事物、情形，或眼前的人与他的最终目标相联系。哪怕它们对他的成功只有一小点用处，他都会千方百计加以利用，让它们把作用发挥出来。相反，他们不会浪费精力做无用功或者在没什么用的人身上浪费时间。

难道你认为比尔·盖茨每天晃晃悠悠寻找好运，靠着运气扩大公司，然后就成为世界首富了吗？不是的！比尔·盖茨可没有碰运气。他目光敏锐、判断果断、头脑清醒，知道自己要做什么，绝不是依靠偶然因素或者碰运气而建立微软公司的。

咬定目标决不放松

具有明确及独特生活目标的人，你很容易注意到。例如以健康为目标的人会在饮食上下功夫，并且坚持锻炼。他们不会长胖而导致身形走样，也不允许任何事情阻挡自己实现目标，坚持锻炼和控制饮食的努力也不会被打断或者忽略掉。他们想要的结果是健康、苗条，唯一的办法就是每天控制饮食并且加强锻炼。

坚定地专注于目标的销售人员会比其他人取得更多的成功，差距往往令人震惊。

在销售当中，如果你牢牢树立起专注于目标的观念，那么赢得更多的客户，创造更多的销售业绩，以及得到更高的佣金都不在话下。无论你是否从事销售，专注于目标对于说服你的同事、你的老板、你现在以及将来的客户都非常关键。

自信会让你拥有不一般的魅力

一旦你专注于某个结果，让它引导你的思维和行动，一种强烈的信心就油然而生。这种信心散发出来，就能吸引那些能够助你成功的人、事和条件。

如果你将命运牢牢握在手中，如果你专注于目标，一往无前，你就会产生一种内在的自信，清楚地知道下一步该做什么，不该做什么。这时的你看起来似乎天生就知道成功说服别人的奥妙。信不信由你，周围的人就开始叫你“幸运儿”了。不过我们已经打破了这种观点，专注于意向的建立无疑需要大量的努力，这一切根本不关“运气”的事。

唯一的关键在于你清楚地知道自己在每一种情况下、每一个人身上，以及每一次机会当中，想要的到底是什么。弄清了这一点，你就算整装待发了。一旦你的准备和专注遇到合适的机会，成功就指日可待。

别让自己有丝毫懈怠

如果不时常留意你的思维过程，你的意识就有可能脱轨，变得消极悲观，和那些碌碌无为、为生活奔波的人一样。你必须强迫自己的思维持续并且永久地专注于最终结果。

如果稍有懈怠，垃圾想法就会渗入你的头脑，所以你必须保持高度警觉。其他人可都想拉拢你，或者至少吸引你的注意力。他们想得到你的帮助，来达到他们的目的。记住，只有当他们的目标对你的目标也有利的时候，你才能配合他们。

这听起来有点像马基雅维利（Machiavelli，公元 1461 ~ 1527 年，意大利著名政治思想家、外交家和历史学家。他深受文艺复兴影响，主张建立统一的意大利，摆脱外国侵略。——译者注）的权谋术，我想也不足为奇。但它至少比权谋术强一点，因为你注意了解他人的需要，目的是让更多的人受益。

时刻让自己精神抖擞

如果想要专注于一件事，你必须具备能量、渴望和动力，它们能增强你的注意力。能量有 3 种基本来源：

- **食物** 饮食要健康，尽量不吃那些没有营养价值的东西。
- **情绪** 食物会使血液和大脑产生化学反应，从而极大地改变你的情绪和态度。经常和那些与你拥有相同道德观、价值观及目标的人待在一起，你才能保持你的情绪和态度稳定不变。
- **睡眠** 保证充足的睡眠。睡觉的时候，大脑仍然在工作，它需要这段休息时间来保证工作时的最佳状态。

如果你老老实实专注于自己的目标，成功就会自然而然地降临。保持动力的能量必须而且只能来自你的内心，任何人都无法代劳。这个过程所需要的能量超出了一切预期，比任何人能想到的都多，这就是为什么能够获得成功的人少之又少的原因。**在第一次成功之**

前，你注定要经受孤独的考验，然后你才能运用成功的力量，以连锁效应带来更多的成功。

预测他人行动时要有前瞻性

很多人还在失败的泥泞中挣扎，因为他们无法预见周围的重要人士将采取什么行动。因此，他们总是处于一种回应状态，不能获得有前瞻性的主导地位。被动的回应没有力量，相反，它无谓地消耗你的能量，使他人受益。如果你总是在应对，无法主导，就会发现自己无形中按照别人的计划在行动，自己的计划则被忽略掉了。

前瞻性充满力量。如果你能花几分钟时间敏锐地思考一下未来，那么你就能够预见别人可能采取的行动，并从中受益。我并非在谈论遥远的将来，而是眼前。它们足以使你说服（当然是符合道德的）周围的人，达到你想要的结果。这需要高水平的能量投入，你必须坚持下去，不要低估了其中所需要的技巧。

想一想电视节目或者下棋的情景吧。在电视节目《幸存者》里，每个人都密谋反对他人，并且试图预言别人的行为，他们会投票选择让谁离开荒岛。这种预言可是一项非常艰巨的脑力劳动。前瞻是一种思维习惯和行为模式，它需要不断坚持。而人们一不留神就会偷懒，然后被现实远远抛在后面。

别让你的内心飘忽不定

如果你不能预见别人的行为，就可能会被人摆一道，从而让你大吃一惊。这可不是好事。如果你没有留意到别人可能采取的行动和反应，你就会遭遇失败。这是因为人的大脑是一部执行最低要求的机器，它喜欢便捷和省时的行为，往往不惜一切代价避免思考。如果大脑发现了可以摆脱这项艰难任务的办法，它就会选择更简单的路——除非你意识到了这个缺点，然后有意识地加以控制。

我把这种现象叫做精神飘移（Mental Drift）。并不是我们不想集中注意,而是注意力太容易分散了。这里没有注意,那里一不留神，我们马上就落在后面，然后陷入被动的回应，失去了控制。成功的要诀就是尽量预见别人的行动。而要想成功地预见，你就必须专注于它。由于精神悬浮的存在，你必须持续专注。否则你的大脑就会选择那条懒惰的道路——失败的道路。很不幸，大脑的运动轨迹就是这样。知道这一点可以帮助你对精神飘移有更清楚的认识，并且采取行动阻止它任意飘移。

用矩阵图管理事情的轻重缓急

紧急和重要性矩阵是一个时间管理工具，它可以将对结果的专注和隐秘说服力结合起来（见表 6.1）。检索一下你生命中出现的人、遇到的事，列出你要做的重要事情的清单。

表 6.1 紧急和重要性矩阵

第一象限 紧迫，但不重要	第二象限 紧迫，又重要
第三象限 不紧迫，也不重要	第四象限 不紧迫，但重要

从你的关注点出发，衡量并确定每一件事的轻重缓急，这是关

键的一步。如果你能不时停下来想想某件事的用处，决定它的紧迫性和重要性，你就会立刻使自己处于更有利的地位。

这个评价要借助一系列精心设计的问题才能得出，我们会在后面的章节讨论如何提问。现在你需要知道的是，任何时候都要决定什么事重要（或者紧迫），都必须问自己一些问题。通常是在心里默问，有时你甚至都没有意识到自己在问自己，但你的确在问，在与自己对话。

提问时应该谨慎，因为大脑会立刻作出回应，的确如此。大脑总是高效运转，不论你问什么，它都会给你一个答案。而它给出的答案有好有坏，可能积极也可能消极，因此，一定要小心谨慎。

再来看上面那个矩阵。使用它的关键在于，在别人乱七八糟的事进入你的矩阵之前，你必须得有个判断。你要问自己："这有多紧迫，又有多重要？"最重要的是你必须清楚自己有决定权。没有规定说对别人重要而紧迫的事对你也同样如此，除非你漫不经心，随随便便就认可它了。

从现在开始，你必须清楚你是为自己而不是别人作决定，每一件东西、每个人或者每件事的重要性都取决于你的态度。其他人可以建议，却不能强制你改变矩阵。

专注结果是一种理念，它源自对生活负责的能力。只有意识到这一点，你才能完全控制自己的思想，从而指挥它们，引导它们，最后集中到你所追求的目标上来。

生活中有些因素能够分散你的注意力，我把它叫做"受害者病毒"（Victim Virus）。我曾经专门论述过它，而且我相信我们或多或少都曾被它感染。至于只是暂时感染还是转化成慢性病取决于你。

让我们先来看一下什么是"受害者病毒"，然后将它与专注目标的行动联系起来。

专题：清除受害者病毒心理

你是否认为命运对你不公平？你是否感到自己被孤立了？你有没有感到其他人正拼命赶超你？或者有人令你感到自卑、迟钝、蠢笨或者慌乱？你是否经常为某些事情进展不顺而抱怨？比如说销售额低、失去升迁机会或者与同事合作不利等？如果对这些问题你都回答是，那么你可能已经感染了受害者病毒。但是不要担心，我们有办法让你从受害者变成一个成功的隐秘说服专家。

你被受害者病毒感染了吗

抱怨是一种病毒。一旦你开始为自己不喜欢的结果而抱怨别人，你就被感染了。这是一种蔓延迅速并且具有超强破坏力的病毒。更糟糕的是，几乎无药可解。拜托，真的这么糟糕吗？是的。

我敢肯定你已经注意到人与人之间有着天壤之别。有的人极其成功，有的人却极端贫困，有的人甚至失去了生活的信心。多么悲哀啊！而罪魁祸首就是“受害者病毒”。

我们周围那些生意失败、穷困潦倒、被生活打败的人都感染了这种病毒。他们抱怨经济形势、抱怨他们的父母和老板，抱怨生活的方方面面。注意！他们都感染了病毒，具有高度传染性。要不了多久，他们就会危害其他人，然后形成一个受害者群体。大多数人出于礼貌都会赞同抱怨者的观点，认为现在这个不好的结果显然是他人的错误所致。因为很难当面对质，所以他们总是认为受害者是正确的，很无辜，其他人才应该为结果承担责任。

人为什么爱抱怨

人们抱怨别人是因为他们不想承担责任，连他们自己也没有意识到。有时，受害者从年轻的时候开始就习惯抱怨，也不知道还有什么别的选择。为什么我要把他们称作“受害者”呢？

一个感觉自己被欺骗、被陷害或被利用了的人——他没有力量，被人操控,认为别人应该为自己的处境负责。这种人就是“受害者”。

受害者会觉得自己无法控制自己的生活，坚信别人比他们更强大，可以控制自己。虽然只是一种幻觉，但这就是他们所看到的，并且信以为真。他们觉得自己的命运掌握在其他人的手中（有的时候只是少数几个特殊的人）。

解药就是你自己

最后，受害者的大脑遭到致命的病毒感染。病毒充斥着他们的头脑，成千上万，强劲有力，任何药片或者药水都无法对抗它们。

那有没有治愈的办法呢？有，但受害者并不相信。他们认为是别人造成了自己的惨状，而且就算有办法，也是在其他人那里，与自己无关。他们求助于他人，希望能得到答案，来拯救自己悲惨的生活。如果他人不能使情况改善，受害者就会归咎于他。这里的问题就在于，他们习惯性地不去反思自己的行为。没有人能解救他们，开锁的钥匙只存在于他们内心。

改变何其难

虽说江山易改，本性难移，有些人也能做到，只不过需要全世界，或者一个特殊人物来震动他们，打破他们的依赖模式，实现内心的蜕变，从此踏上“自我完善”之旅。这个被人们过度使用的词组听起来很简单，好像只要去书店随便检索一下“自我帮助”条目，从上千本书中找出一本，把它读完之后一切就会好起来一样。然而，真相与此相去甚远。

一本书就可以改变你的生活纯粹是一种谬论。如果你相信它，那就又踏上了受害者的老路，再次掉进了受害者陷阱。你试图寻找自身以外的人和事来应付目前的情况，如果这个方法不奏效的话，你还可以找到别人或者别的事情来埋怨。于是，你又陷入了无休止的自欺欺人的循环。

另一方面，书的确可以帮助你改善生活。但变化来自你自己，而不是书。你才是自己成功的关键，书籍、讲座、其他人只不过是你用来创造理想生活的工具。这里的受害者陷阱在于你相信书籍可以解决问题。要想成功，一是要知道内心的改变才是好的变化；二是要重视书籍为你提供的原材料（信息、技术、窍门等），利用它们来制造变化。受害者关注外在，而成功人士专注于内心，这就是区别。他们把注意力集中到自己真正想要的东西上，积极行动起来，学习更多的东西，寻找更好的办法来说服别人。他们拥有一个不可动摇的目标，并且每时每刻专注于这个目标。这正是真正成功的推销员与普通推销员的区别所在。

谁在依赖谁

受害者依赖他人为他们提供支持、作出决定或者接受他们，他们总是被动地回应。依赖究竟意味着什么呢？

依赖是一种可悲的生活状态。看看这个定义："被他物决定、影响或控制的状态。"为了更清楚地说明问题，我稍微改动一下："被他人决定、影响或控制的状态。"

我承认，从某种程度上讲，每个人都对其他人有所依赖，否则我们的经济、世界将停止运转，但这并不是我想讨论的。在受害者的个人生活中，"依赖"这个词意义重大，而且通常带有消极的意味。

想法和行为的方向必须发生某些改变。现在你相信每一件事都从你的大脑思维开始，然后波及外面的世界。而在此之前，观点完全相反，认为先是其他人作出决定，然后影响到受害者，这才是生活的路径。错了，应该倒过来，由你去控制。当你认识到自己也有头脑，你才能作出正确而且有力的决定。相信自己控制着生活，相信你该作出决定，而不是被动地接受决定。

受害者说错了什么

改变用词是第一个重要的步骤，首先从减少使用“受害者”这个词开始。一旦你意识到自己可以完全控制自己的生活，就不要再称自己是受害者了，使用其他完全不同的词。

词汇具有强大的力量，是给你带来巨大改变的关键。转换生成语法或转换生成词汇的整个学科都在研究它。这个研究领域基于这样一个事实：我们所使用的词汇为我们的经历贴上了标签。如果你不使用词汇，就无法体会其中承载的感情。当然，反过来也是对的——如果你使用了某个词汇，就能体会到某种情感。

举个例子，如果我问起你的工作情况，你回答说：“忙死了！”那么，你就会感觉忙碌不堪。但是，如果你说：“让我兴奋！”那么，你就会有一种完全不同的心理反应，你会感到自己充满了能量。其实你的工作量是一定的，但是你用不同的词汇描述它，就为它贴上了不同的标签，这会使你的感受迥然不同。

你的感受由你决定，其他人没有权力也无法控制你的感受，除非你赋予他们这种力量。请认真选择你的词汇，它们真的很重要。

推销员成了受害者

千真万确。你可能很难相信，那些靠说服别人买东西为生的人会是最大的受害者。但事实如此。

为什么呢？推销人员是一个特殊的群体。我们仔细观察一下80% 的推销员，就会发现一些很有趣的事情。他们喜欢归咎于别人，习惯于逃避责任，责备别人和说自己是受害者的意识已经根深蒂固。换句话说，他们越这样想，就越相信这一点。这种思维方式对于成功是致命的伤害，但是他们却没有看到。

80/20 法则又见效了。

80% 的推销员经常受到受害者病毒的侵扰，只有最优秀的 20% 不会感染这种病毒，因而他们非常成功。其实对于那失败的 80%，许多人是可以改变的，只要让他们认识到之所以不成功，是自己的所作所为造成的。

管理者对销售不公

这只是推销员指责公司管理层的成千上万条理由之一。他们为什么这样说或者这样想呢？因为不成功。受害者会将自己销售业绩不佳，归咎于管理部门要求他们提交报告或者电话单据等行动凭证。他们认为这些是没必要、毫无意义的，甚至是出于对他们的不信任。但是成功的 20% 销售人员也作报告，同时销售业绩良好。

他们可能也不喜欢报告，但还是照做了，这并不妨碍他们事业的进步。剩下的 80% 却不是这样，他们利用这些干扰因素来为自己的低销售额开脱，并抱怨管理层。

有趣的是，这 80% 的人总在抱怨，却从不留心观察一下成功人士是怎么做的。20% 的成功者是那些愿意为自己的决定和行为承担完全责任的人，他们从不抱怨，也不玩弄手段，总是默默无闻地认真工作，就像没这回事儿。他们要么从未感染受害者病毒，要么已经痊愈了。

失败者总是找理由

经济发展缓慢，人们购买力低下，预算超支，或者用了别人的产品等——失败的推销员会接受并且相信这些理由，把销售业绩不佳归咎于经济不景气或者找个别的什么替罪羊，从而得到解脱。他们从不去找自身的原因，也不承担责任，仅仅是把自己看成经济或其他因素的受害者——一切都不是他们的错。他们可以抱怨任何人、任何事，还理所当然地认为自己在与公司管理层的关系中是受害者。他们深信自己完全正确，只不过因为那些不可控的力量、因素才没有成功，才使得可能卖出的产品和服务减少了。请注意，我并没有说提供给他们销售的产品数量减少了，我说的是，可能卖出的产品数量减少了。差别在于，前一种说法意味着推销员不用承担责任了。这正是受害者想要的——摆脱责任，获得自由。他们希望其他人明白，导致销售业绩不佳的因素不是他能控制的。

管理者太无聊

许多有受害者思想的推销员把责任归咎于公司“可笑的要求”。他们认为管理层完全不懂什么是真正的销售，认为保留电话单、制订致电计划以及做电话记录都是消耗时间，甚至是浪费时间的行为。他们进一步认为这些无聊的规定，只是那些“高级”管理者们为了显示自己在推动公司进步的一个伎俩罢了。他们对公司扮演的角色非常不满，认为这些规定对他们的销售能力产生了负面影响，正是这个不懂实务的公司使自己成为了受害者。

学以致用

这些观点听起来是不是很熟悉呢？或许你已经从中看到了自己的影子，原来你的体内也藏着病毒。这没有关系，只有当你意识到这一点，才有可能认识到你完全有能力把握自己的生活，承担相应的责任。如果你承担起了责任，开始采取行动，你就能控制并改善你的生活了。这是唯一能够治愈受害者病毒的方法。

在你的周围，在工作、家庭以及社交场合等各种情况下，你可能已经注意其他人也有这些缺陷。在阅读上面这些文字的时候，你也许想到了某个你认识的人，目前他就像个受害者一样。那么你就可以成为他的警醒人，去点拨他，使他意识到目前的情况很糟糕，并且给他机会重新控制他的生活。或者你可以做一个传授者，但是一定要谨慎。如果你选择这条道路，最后很可能受到感染。所以你要完全掌控自己的生活，为自己的每一个决定负责，只有你可以选择自己的感受、所做的事情，以及什么结果对你真正重要。作出一个决定，并专注于它，明白只有你自己能够让你远离受害者病毒！

“受害者病毒”与专注目标思维直接相关。如果你思想软弱，就很容易感染病毒，不能集中精神追求你的目标。你变得心烦意乱，有些灰心丧气，最后没了斗志。你会遭到失败，或者至少沦为碌碌无为的大多数人，而不是成功的少数人。你会发现说服人非常困难，如果你这样想，它就真的非常困难了。

事实上，说服别人与取得胜利都比你想象的要简单得多。如果你在推销中运用隐秘说服技巧，就会发现自己的说服能力大增，可以隐秘地说服你的老板、同事、顾客、朋友和家人。如果你提供百分之百恰当的信息去说服别人，他们就会不由自主地配合你。

第7章

讲故事隐秘说服，让人不自觉地赞同你

COVERT PERSUASION

只要你将故事讲的活灵活现，一个没有跌宕起伏情节的故事也可吸引人，从而让听故事的人有如身临其境。当他被故事迷住时，就会不由自主地认可你所说的，而这正是你想要的结果！

千万别让你的故事成为“催眠剂”

在这一章里，我将告诉你如何通过讲故事来说服别人。首先，我会告诉你用故事隐秘说服别人的20个法则，然后带你学习怎样讲故事才能将你要表达的意思传达给听众。

大部分交谈都达不到预期的效果。为什么呢？因为大部分交谈都没有明确的意图。

隐秘说服（有目的的微妙的影响）经常出现在故事中，因为讲故事更容易达到预期的效果，影响别人的思维。设想一下，同一个社群里的很多人都告诉你同一件事，你会怎么样。这个故事非常枯燥，说的是他们前面的一辆车突然来了个急转弯，差点把他们害死。人们听到这个肯定会迫不及待地想逃走。看看下面的这个故事。

房间里面全是人。我们22个人坐在一张长桌子旁吃东西，当时是培训期间的午餐时间。我坐在罗恩·斯塔布斯（本次培训的副教练）旁边，他正在和我们共同的朋友凯瑟琳说话。我对面坐着一个女人，她的样子和名字我都记不清了，但是这个场景我一直记得。

开饭之前，女服务员出去张罗了大约 20 分钟。这段时间里，坐在我对面的妇女一直不停地说话。为了表示友好，我频频点头。但是我当时真的很累，她却根本没有注意到。开始几分钟我还在听，后面就一个字也没听进去了。

我只记得她一直在讲去圣多纳（Sedona）旅行的见闻，还谈到能量涡流（Energy Vortex）。每次听到“能量涡流”这个词，我的注意力就集中一下。但是我真的很累。很快，她的故事从能量涡流转到了不久前的一次旅行上，然后……我记不清了……什么也想不起来。我当时一边呷着柠檬饮料，一边不停地点头。我当时听到罗恩和凯瑟琳在谈论关于培训的事，还有很多其他人的声音在房间里嗡嗡作响。

罗恩在我的耳边小声说：“嘿，兄弟，你怎么精神恍惚？”很显然，我的眼睛已经眯起来了。这时，对面的妇女说，“你不觉得吗？”我一下子意识到，她一直在跟我说一件事，而我早就神游天外了。幸好只有罗恩注意到了。

他大笑起来。我觉得很难受但还是努力说了一句：“啊，是这样的。”（这是我学会的一招自动反应，在你不理解、没听到或者感到乏味而思绪神游的时候，它可以帮你摆脱困境。）

突然，罗恩双手捏住我的肩膀，看了看对面的那个女人，说：“稍等一会儿好吗？我找他有点事，然后你们继续。”

他在我耳边轻声说：“我帮你摆脱了一场精神折磨，你欠我一个大人情啊。”的确如此，他解救了我，让我安静下来，能眯上一会儿。事实上他还解救了整班学生，那个女人的故事让我打蔫儿，差点把我送到九霄云外了。接着，罗恩随便跟我聊了几句那天想做的事情，然后，上帝保佑，午餐就开始了。你说，这样的故事能打动人吗？所以，讲故事的技巧真的很重要。

20 条法则，助你抓住听众的心

一个枯燥乏味的故事也可以很吸引人。只要讲故事的人绘声绘色，你就可以经历每一个情节，就好像当时你也在场一样。当然，你的故事也完全可能让听众睡着。其实用不着多少时间你就可以带他们穿越无聊，离开倦怠乏味的状态。

讲故事的时候应该有一个目标。我将介绍 20 个法则，请你们先回答下面 3 个法则问题，然后着重学习第 4 ～ 20 个法则。

法则 1 你有什么意图

你为什么要讲这件事？重点在哪儿？你的目的是什么？为了好玩儿，逗人们发笑？或者根本就没有特别的意思，你想都没想就讲出来了？！

法则 2 你希望人们听完你的故事以后有什么感觉

不要想“也许他们会喜欢我”，要想 ：“我希望他们知道我在乎他们，对他们的问题感兴趣。”或者，“我希望他们好受一点，我不想讲得比前一个人还糟糕。在考虑讲一件事之前，我会先听一会儿。”

有的时候，最好不要讲任何故事。

法则 3 你的目的是什么

我不是指讲述某个故事的意图，而是说，无论你和谁在一起，无论你在哪儿，都要问自己，我的计划是什么 ；什么样的故事可以帮助我增加在他们眼中的可靠性，让他们相信我关心他们，并且对他们感兴趣，希望他们最终也能成功。在我的记忆库里，有什么样的小故事能够帮我说明我的心中所想。

你对自己说 ：“我正在给凯文讲这件事，因为我希望他……”同时你要确信你的故事能够引导凯文按照你希望的那样去做。

如果人们能够在讲之前想一下为什么要讲它，他们就会少讲很多事。先明确讲故事的目的，否则干脆不讲。

隐秘说服诀窍

讲故事可以破坏和谐，也可以使原本不和谐的东西发生联系，这很奇妙。

要注意的是，抱着特定的目的去讲一件事并不意味着你就可以达到那个目的。人们的信仰、偏见或者价值观像过滤网一样阻挡它渗入，结果这件事就变得令人不快或者产生负面影响。特别是当你给不止一个人讲同一件事的时候，这种情况更有可能发生。

你要知道两点：第一，故事并不一定要冷静地传达信息，大多数故事必须煽情，才能影响人们；第二，如果好几个人反馈的信息都差不多，你就有必要思考一下这个故事的价值。

牢记这个忠告：最好的谈判专家是那些最能煽动别人感情的人，无论是正面的还是负面的。还记得比尔·克林顿和罗纳德·里根吗？他们是两个完全不同的人，信仰也截然不同。然而这两人在交际上都非常成功，赢得了大多数民众的敬重，甚至那些并不同意他们观点的人也尊重他们。情感因素在这里起了作用。

法则 4 着重发掘故事的独特之处

向你的听众展示你的价值观、信仰及内心的善良，让他们了解你形成这些特质的情感和经历。也就是说，要着重强调一个独特之处。如果你把整个人生经历，或旅行的全部见闻都讲一遍，听的人绝对会完全失去兴趣。

如果你想让某人知道你讲求忠诚，相信上帝，或者你是红袜队的球迷，那么你必须坚守这个重点。选择一条隐秘的信息，并且抓住不放。尽量避免过多的交流，同时尽量避免在一个故事里注入过多的信息。在与别人谈话时，最好 4 分钟能讲完一个不错的故事，然后每半个小时讲一个。如果是给一个小规模的群体讲，那么你最好把故事组织得更加紧凑和简练。如果是给 50 人以上的群体讲，而你的故事充满感情而且需要辅以动作演示，那就可以稍长一点（也许 6 ~ 7 分钟）。

要想使和你谈话的人重视你，了解你的内心世界，你就必须自我揭示，但要注意别对自己构成威胁。

如果有人夸过你，那么记得借他的嘴把这些吹捧你的话说出来。如果你想说明自己有多么聪明，可以讲讲别人夸你聪明的故事，这就是“隐秘”的迷人之处。也正因为如此，对普通人来说，一份推荐信要比一项科研成果更重要。一份提供了你的独特信息的推荐信，比一份直接说你聪明而且漂亮的推荐信有用得多。

一个好的故事必须：

- 有清楚的目的或者意图，能够实现你想要的影响。
- 指向明确。你心里必须非常清楚，“我讲这个故事是为了让我的听众……”

人们总爱进行一些毫无意义的闲聊，其实什么也没说，也不知道他们的意图是什么。更糟糕的是，他们根本意识不到听的人早就心不在焉了。你必须始终意图明确，同时密切关注听众的反应，无论是语言的还是非语言的。

法则 5 吸引并且牢牢抓住听众的注意力，直到他们进入一种着迷的状态

“着迷的状态”非常准确。当一个人完全被你所说的话吸引，对其他事情毫不理睬的时候，他就处于一种“着迷的状态”。在你和听众之间挖出一条隧道，你们在隧道里相遇，你牵着他的手把他从那一头带到你这一头。那么，用什么吸引听众的注意力呢？

- 他们强烈赞成或反对的事（比如堕胎可否合法化，民众能否携带手枪等）。
- 一些有争议的事能够诱发他们注意的情绪（故事不能引起太大的情绪波动，把他们的注意力从你的故事上引开了；也不能太无聊，使他们没有兴趣）。
- 与故事实质内容无关的一些外围事件（比赛的间歇，摄影镜头往往投向比赛双方的拉拉队领队身上）。
- 处境、环境。描述故事发生的地点（比如你当时所处的餐馆），或者如果你的洞察力敏锐，能猜出听者希望这个故事发生的地点，就可以迎合他们来讲。

我要说的远不止这么多，但是这是最最关键的：唤醒你的听众，让他们抛弃原先的思路，到你的世界里来。激发一种情绪，但是不要过分，如果他们想要和你争辩就不妙了。你可以让听众情绪高昂，但不能过度亢奋。适当的激发使你的故事更有吸引力，而一旦场面失控，你就出局了。

保罗·麦卡特尼（Paul McCartney）为他的新唱片进行巡演时，我去听了，就坐在拉斯维加斯米高梅豪华花园剧场第 14 排。我听到了这样的歌词：“勇敢与鲁莽之间有一条警戒线……混乱与创新也只有一线之隔。”这些看似简单却蕴涵深意的歌词使保罗成为用歌曲讲故事的天才。

如果你的听众完全被迷住了，不愿离开，你就可以一直讲下去。

没有人强迫他们，兴趣就是最大的磁石。你也许有点紧张，但是随着故事的展开紧张情绪自然会释放。

只要听众没有害怕到想要逃走的地步，恐怖故事也能起作用。它令人心跳加快，但是还没有到引起恐慌的地步。你可以讲述一些细节，但要略去那些没必要的，因为琐碎的细节很快就令人厌烦了。

短短几秒钟之内，你就可能失去吸引力。有时可以稍微离题，把那些游移的思绪抓回来，但是你必须快速回到正题上去。有很多事情都可以引起别人的注意，重要的是你的每句话都能抓住听众。

法则 6 与听众分享简单的信息，激发他们的好奇心和求知欲

永远不要在听众面前显得太聪明或太愚蠢。你说的任何事情都要与他们的理解水平相适应，不要犯讲得太深奥或者太浅显的错误。如果我不曾在军队服役，就不要告诉我你要去 PX（Post Exchange，美国军队里的一种多功能商店，通常包括一个理发店和一个杂货店。——译者注）找吃的。记住要针对听众的背景讲故事。

人们都想了解更多的事情，特别是秘密。如果比较容易理解的话，他们也想知道为什么会这样。否则，你就不要作过多的解释。如果你的演讲题目不是与技术有关，就尽量让你的故事简单生动，富有感情。

法则 7 让谦虚看得见

人们想了解你、依赖你，并且信任你。所以，要用最谦虚的口吻讲故事，告诉听众你究竟是怎样一个人。专横与傲慢容易引起不满，没有任何好处。它会破坏友善的气氛，使人们不再注意你说的话。

法则 8 通过语言展现鲜活生动的场景，引起人们意识和情感的双重注意

尽量调动大脑中的安全地带，把你的所见、所闻、所感甚至所嗅都说出来，使其他人产生身临其境的幻觉，和你体验同样的感受。这就是吸引力。

法则 9 带领听众在时空隧道中穿梭，尽量脱离当下，超越现状

如果目前的状况令听众不舒服，那么就用一个故事带着他们离开，到另一个时空中去。无论是回到过去还是展望未来，只要有助于吸引他们的注意力就行。

在此刻抓住他们的注意力。永远不要对你的生平经历进行长篇大论，只要讲一个简单的故事就好。如果对方没有要求，不要接着讲第二个，除非他也讲了一个。

法则 10 讲一个你自己的真实故事

讲故事不是照本宣科，不需要每次都丝毫不差。但是你的灵魂必须严肃，心思应该虔诚。无论当时情况如何，一定要小心，不要在不知道为什么讲故事的时候贸然开头。你得有一个目的或者意图，而且和你的听众同步向前。

法则 11 提供一些能够被证实的证据，比如大多数听众知道的名字、日期、地点等

又一个有力的隐秘说服技巧，引起人们对时间和地点的回忆。一定要记得你所经历的事情是在哪里发生的。这些细节编织成一张可信的网，极大地减少对方的抵触。

人们喜欢自己掌握证据，证明某件事是真的。尽管名字、日期和地点并不能证明任何事情，但它们至少能对听者造成一种错觉，认为这个故事是真实的。是否真实关系重大。当人们听到具体的名字、地点、事件、日期的时候，就会感觉自己当时和你在一起，相信你讲的都是事实，因为他们也和你一样看到、听到和感觉到了。

无论你讲的这个故事是虚构的还是事实，只要他们听到了一点具体信息，就相信它不是小说，而成为记忆的一部分，成为他们理解事实、了解你的线索。一旦人们了解了你，就会一下子喜欢上你，或者更加喜欢你。

法则 12 让故事里的其他人用第一人称直接发声，不要用第三人称转述，这样你的人物才鲜活可感

很少有人这样做，但是它真的非常有效。对比一下这两句话："他说，'老兄，我会尽最大努力的。'"与："他说他会尽最大努力的。"看看有什么不一样。

如果你能让故事人物鲜活起来，那么你的故事就被赋予了生命。我在为我的第一本书作巡回宣传的时候，曾经在芝加哥碰到一个坐轮椅的小姑娘，后来连我自己也说不清究竟有多少人告诉我，他们仍然记得那个坐轮椅的小女孩的故事。还有其他一些人也说他们记得故事发生在美国最大的书店芝加哥巴诺书店（Barnes and Noble），时间是 1996 年 7 月。

法则 13 你的故事必须包含重要的内在意图、教训或者有助于实现某个目的

例如：我要告诉一个女人艾尔很想和她约会。于是我邀请她参加 2 月份的"影响力训练营"（"影响力训练营"是我每年在拉斯维加斯举办的现场签售和培训活动）。有时候，两个不相干的意图碰在一起，就能够制造一种三方共赢的结果。

"……顺便说一句，去年很多参加'影响力训练营'的人都运用所学的知识与出版社成功签约，艾尔并不是唯一一个。"

于是，她知道艾尔参加了训练营，成功地和出版社签约，而且他在其中所学的知识可以得到实际运用，多重目的被揉到了一个叙事里。只需一句话，我就可以讲讲艾尔在训练中的发言有多么精彩。

法则 14 把自己置于与听众相连的某种背景或情境中

这一点可以通过直接的或者想象的共同经历来达成。听众一定会说 ：“是的，就好像我当初……”或者，如果他们没有提到相似的事情，你至少必须引起他们的好奇心，“是啊，我一直很奇怪，如果……那将会怎样。”

“谁曾经想过……我就是那样……凯文·霍根，一个来自芝加哥的小孩，坐在波兰的一个大人物对面。想知道我的领带打得好不好……想知道别人是不是一看就知道我的心紧张得怦怦乱跳。”

谈论某人感到紧张这个话题非常容易，而且我们都喜欢和重要的人在一起，因此，上面这样的开头使我要讲的故事很吸引人，听者马上就会联想到自己。

法则 15 把信息编织进你的故事

你的故事包含某些信息，这些信息可以直接讲出来，也可以编织在故事里悄悄传达。我（讲述者）经常能从故事中的其他人那里学到这一点。我不是在讲大道理，而是真的从过去发生的事中学到了一些东西，然后把它们讲出来，我会说 ：“我从来没有意识到这件事情如此重要。”我说的正是我想要传达的信息。想要他们做某件事情，我却没有指手画脚让他们做，而只是告诉他们之前我从来没有意识到做这件事情是如此重要。

法则 16 请故事人物告诉他们你有多优秀，多真诚

“……还有，凯文，我们收到来自巴诺书店管理部门的一封信，他们说这是他们收到过的最好的作品。”你不能直接告诉你的听众你有多出色，但你故事里的人物可以帮你……别人的赞扬使你具有了超凡的魅力和难以抵抗的吸引力。

法则 17 不时自嘲一下

你也可以用一种自嘲式的幽默或者谦逊来洗脱自吹自擂的嫌疑。要经常暴露自己的弱点、不足、短处和平实普通的“人性”。我讲的每一个故事都包括了自嘲的内容——说出自己的缺点、自我揭短或者暴露人性的弱点。这都是他们想听的，也是与他们密切相关的地方。自我贬低是讲好故事的必要招数。

法则 18 相信你的听众，让他们自己从你的故事中得出结论

你希望她这样想："哦，如果她可以那样做，那么我也……"换句话说，如果你能够让听众自己得出结论，而不是由你告诉他们结论，那么他们的态度就会更加积极。

法则 19 明确提示你的听众，为他们提供灵感

你的故事应该简洁有力，让听众记忆深刻，能在心里或者口头上重复出来。当他们这样做的时候，就重新体验了一遍。史上所有的经典故事，你都能拿来讲给你在街上碰到的陌生人听，他们的反应往往是："哦，天哪，他真是个好人！"或者，"他的口才可真好……你知道他说了什么吗？"

请注意"身临其境"的力量。

法则 20 直接引述别人的话

认真对比下面 3 组句子。

第 1 组：他看着我，好像我是个傻子一样，"凯文，你这个白痴，你在干什么？脑子进水了吗？"

他看着我，好像我是个傻子一样，然后说我是个白痴。

第 2 组：她的双眸深深凝望着我，说："凯文，我爱你！"

她的双眸深深凝望着我，然后告诉我她爱我。

第 3 组：他看着我，激动得浑身颤抖："凯文，你做到了？……太棒了！简直不可思议。你是怎么做的？"

他看着我，浑身颤抖，他说我太棒了，并且问我是怎么做到的。

就这么简单，又如此困难。下一场灾难的苗头已经出现，也许是可以避免的灾难。

格外需要注意的是，你在讲一个故事，不是一部传记。记住，一个故事就好。

多数故事都是事件。1 天或 1 小时，2 件相似而且相关的事，其中一个引起另一个发生。如果你在对方开口之前就已经连讲了 2 个故事，那就该歇歇了，现在必须保持安静。记住，隐秘催眠术的关键是要悄悄进行。人们讲故事时，普遍习惯夸夸其谈、吹牛皮，讲出来的故事也单调乏味。

那些夸耀的话通过别人的嘴说出来才有效果，否则就不要说。这里有一组对比。

陈述 1：“我是一个很棒的演说家、作家，我的作品带有文艺复兴风格。”

陈述 2：“凯文，你是一个很棒的演说家，还是一个非凡的作家！你是怎么使你的作品带有文艺复兴风格的呢？”我耸了耸肩。我都不确定文艺复兴究竟是什么，但我想那肯定是个好东西。

现在注意到了吧，在第 2 个陈述中，你通过追捧者的话，悄悄地把信息传达给别人。没有人会和你的追随者辩论或者争吵，但是如果你自己这样说的话，他们就会认为你很狂妄。

教你活灵活现讲故事的案例

你已经知道了运用隐秘说服技巧来讲故事的 20 条法则。现在让我来举个例子，具体分析一下你该如何使用这些工具吧。我站在台上，对听众讲述下面这件事。我没有使用引语，你读到的每句话都是我说的，除了括号里面的那些。它们是对当时情况的分析，写出来供你参考。故事是这样开始的。

如果我们想要在生活中取得成功，总要付出一些东西。我们用自己的时间和精力来换取金钱。越自信，越有成就，你获得的回报就越多。每个人都是这样，地球上每个人都永远地欠别人一个人情。如果没有其他人，那么谁也不可能有工作。

（我在告诉我的听众，他们值得别人回报，因为他们为别人创造了工作机会。这是事实。他们知道，我也知道，我并非以恩人自居，而是的确意识到了这一点。）

我很早就发现这一点了。那是1972年的秋天，我意识到卖点儿什么东西是我唯一的希望。

（话题迅速转变，让每一个听众都准确地知道这对他们是多么的重要。注意日期，1972年。确切的日期可以增加故事的可信性。）

我从10岁开始就学会了卖东西，我必须这样做。我是家里5个孩子中最大的一个，我们家很穷。继父活不过1年半了，他每天躺在家里的一张病床上。妈妈的时间被分成两半，一半用来工作，另外一半用来照顾继父。生活糟糕透了。我们居住在芝加哥郊区一个下层中产阶级社区里。我当时很需要钱，这意味着我必须有所付出。

于是，我开始出卖劳力。冬天的时候，我帮别人铲车道上的雪，每小时可以挣1美元。芝加哥的冬天，刺骨的寒风从北边的湖面刮来，我永远也忘不了那种浸入骨髓的寒冷。有时候我会把挣来的3美元交给妈妈，有时留着给自己买百事可乐或好时巧克力。夏天的时候，我就去帮人们修剪草坪或者拔草。但我讨厌拔草。

10岁时，我意识到在花园里干力气活是没什么希望的，必须找点其他的事情做，更有效地利用我的时间。我从一份周日报纸上看到了欢乐屋贺卡的广告，那上面说，每卖掉 1 盒子卡片可以赚 50 美分到 2 美元不等。于是我立刻给公司寄去了 10 美元，购买了 1 套样卡（10 美元在那个时候可不是个小数目）。欢乐屋回寄给我 5 盒圣诞卡片。简单一算就知道，如果我把这 5 盒卡片卖出去，就可以赚到约 5 美元！根据现有的销售知识，我知道每年有 4 个“销售季节”，因此，不论用什么方法挣钱，应该尽量把销售季延长才好。

第二天，我从学校回到家里，一做完家庭作业，马上就出发去赚钱了。我一一敲响邻居家的大门。格萨德太太出来开门，我给她看了我的卡片，然后她买了 1 盒。我就这样挣到了第一个 1 美元！然后我去了辛格太太家，她没有买。亨德里克斯太太买了 2 盒，萨尔达太太买了 1 盒，梅克拉太太买了 1 盒。其他大多数人都没有买。到晚上 8 点的时候，我一共敲了 30 家邻居的门，卖掉了 18 盒卡片。太阳下山了，我看了看表，知道自己必须回家帮妈妈哄其他孩子睡觉。我算了一下，一共卖了大约 60 美元，其中 20 美元是属于我的。

（注意我提到邻居时用的都是具体的名字，这为我的故事增加了可信度，抓住了读者。）

当妈妈看到那些订单的时候，她高兴极了。我告诉她我会把赚来的钱都给她。她说，“不，钱是你赚到的，就自己留着吧。”哇，好棒！第二天，我走出了我们所住的社区，到一个从未去过的社区卖卡片。做完作业我就出去，一直到太阳下山才回来，不过我只卖出去了 4 盒。有些人的房子看起来很可怕，就像一个皮包骨头的小孩。我决定以后再也不去那里了。尽管这样，我还是赚了 4 美元。我把它们拿给妈妈看，她还是让我自己留着。

问题在于我敲了 50 家门，却只赚了 4 美元。我简直不敢相信有那么多人都不想买我的圣诞卡片。很显然，他们都不如我的邻居聪明。第二天是星期六，我早早起来，把星期日早晨的《沃基报》（*Waukegan News Sun*）送了（这些报纸必须在早晨7点之前送到），然后修剪了草坪。中午，我骑上自行车跑了出去。这次我又去了一个从来没有去过的陌生小区，一共敲了100多家的门，甚至连午饭和晚饭都没有顾上吃。那天我一共卖了6盒卡片。我告诉妈妈那天我过得特别不好，虽然挣了6美元，但是我骑车穿过了高速公路，而且有点害怕去过的那些地方。妈妈建议我就待在认识我的人多的地方推销卡片，以后再也不要横穿高速路了。她后来告诉我，知道儿子去了一些陌生的地方，她真是担心死了。

我们把订单统计了一下，总共卖出28盒卡片，能挣30美元。如果我把所有的卡片都送到客户手里，我就会拿到钱了。我简直迫不及待！那个星期，我学到了好多东西！（我，凯文·霍根，需要而且有能力学习新的东西，我并不是无所不知。）我懂得了认识我的人会更倾向于买我的东西。我也知道了如果人们有钱，我可以说服他们再多买1盒作为送给别人的礼物。

我懂得了卖卡片比修剪草坪、拔草、铲雪或者送报纸都要好得多。我还知道了我每年只有4个星期的时间可以卖卡片。卖卡片可以让我每年赚100美元，但是如果我想赚更多的钱，就必须想想还有没有什么其他的东西可以卖。

更重要的是，当我把卡片送到人们手中时，他们非常高兴，笑着说："谢谢，凯文。""真漂亮啊。""你送货比我想象的要快。"

（看看这些话，看看他们对于我的产品和服务是怎么评价的。）

最重要的是，20个小时的工作为我换来了30美元的收入，这些工作不会压垮我这个10岁小孩儿瘦骨嶙峋的身体！（看吧，这里就是自嘲。我是孱弱的。我是个瘦骨嶙峋的小孩……的确是的！）

在接下来的4年里，我一直以卖卡片作为一种收入来源。除此之外，我还卖花种和蔬菜种子。我也继续出卖劳力，去铲雪、拔草、修草坪，做任何我能做的事情。但是，数卖卡片最能给我带来乐趣。最令我高兴的就是坐在邻居家的客厅里和主妇们快乐地聊天，有些人还请我吃饼干、喝牛奶。我真的非常喜欢工作的感觉。

欢乐屋贺卡公司的广告改变了我的生活。不是因为它让我变得富有，事实上，我并没有变得富有，而是因为它给了我脱离贫困生活的希望。从前，童子军有时会在感恩节给我们家送来衣服和食物，但现在不需要了。我还记得当初我非常感激这些衣服和食物，恨透了贫困。我知道自己再大一点该做什么了，那就是销售。我是对的。

我发现，作为一个 10 岁的孩子，我能快速思考，与人交谈的能力给我带来了一个摆脱贫穷的机会，也许，只是也许，还可能变得富有起来。从某种角度讲，推销是一个很难的工作，但是很有趣。它绝对比“体力活”强！

推销给了我保障、自由、独立以及产出的能力，增加了他人对我的认同感。这是一项我可以做好的工作。

时间很快到了 1998 年。

（提到另一个日期！）

那是 1998 年的秋天。我在几年之内就赚到了 6 位数。1987 年，我拥有了一家自己的公司，为别人咨询或者推销产品。因为我开始讨厌看着表赚小时工资的生活。我的生意不错，还出了几本书，其中有一本叫做《说服心理学》（*The Psychology of Persuasion*），这本书在书店里卖得很好。

（含蓄地提到收入，它本身就具有一定的可信度。）

但不久我遇到了“瓶颈”。那时我一次演说可以赚到 1 000 ～ 2 000 美元。这并没有什么不对头的，我一直都是这样，那到底怎么了呢？因为没有人愿意出更多的钱请我。我陷入了困惑。人们拿我的演说风格和安东尼·罗宾（Anthony Robbins）（美国著名心理学专家以及个人、事业和组织问题的协调人，公认的成功学、激励学方面顶尖的大师。——译者注）相比较，拿我的形象和台风与著名节目主持人凯尔西·格拉玛（Kelsey Grammar）、戴维·莱特曼（David Letterman）以及德鲁·凯里（Drew Carey）比较。已经到这个份上了，我还能要求什么呢？我所获得的金钱几辈子都花不完啊。

（对大多数人来说，如果工作 1 个小时就可以赚到 1 000 美元，难道不会激动不已吗？难道不希望自己能与戴维·莱特曼和托尼·罗宾相提并论吗？注意一下你听到这些会有什么样的感受？）

一天，我遇到了道蒂·沃尔特斯（Dottie Walters），《演说致富》（*Speak and Grow Rich*）的作者。她经营着在世界上享有盛誉的演说家代理机构，并且还办了一份叫做《分享创意》的杂志，专供国内的演讲者订阅。

在公开大学成人教育课程目录中，我看到她的"演说致富"课程就排在我的后面。不管这个课由谁来讲，我不可能花一整天的时间去学一些我已经知道的东西。但是多年来我一直希望能见到道蒂。她现在大约 70 岁，也许更大一些。正是她的那本《演说致富》让我专注于为公众授课和演讲，并且成了我现在生活中不可缺少的一部分。于是，我决定周六去见道蒂，没有什么目的，就是想谢谢她为我的生命带来的灵感。

我和其他大约 20 个学生一起上了她的课。整整 5 个小时，我都陶醉在聆听当中。她有本事把讲了几十年的事讲得兴味盎然，魔术般地吸引了我们全部人。她跟人打交道的办法很简单，有点像慈祥的祖母。她人很好，讲话不拐弯抹角。我感到了暖暖的爱意，看着她讲如何激发销售灵感真是非常愉快。

我并没有得到此行想要得到的东西，因为对我来说，没有什么是新鲜的。但是我感受到了爱的力量。当每个人都离开房间，她的孙子帮她整理书和侥幸没有被听众要走的音像资料时，我朝她走了过去。

“道蒂，我是凯文。我想让你知道，你对我的职业发展给予了很大的启发。”

（注意到这里的直接引语了吗？）

“谢谢你，凯文。”她抬起头来，看着我的眼睛。她累了，我以前也曾经遇到过这样的情况。当你已经在讲台上演说了 6 个小时，最想做的就是到旅馆里找张床，把头埋进去好好睡一觉，直到 15 个小时以后别人叫你吃早餐。而最后一名听众却拉着你不放，要和你谈话。

“道蒂，我想把这本书送给你。”

“谢谢你，亲爱的。”她非常友善，我心想，好吧，凯文，她的思考能力正在减弱，要么问问题，要么赶快滚出去，她和旅馆的枕头有个“约会”。

“道蒂，我想问你个问题。我在过去的几年里每次做演讲都能得到大约 1 500 美元的报酬，而这一直没有改变。他们不会付给我超过 2 000 美元。你能给我一些建议吗？只要你告诉我，不管是什么样的建议，我都会照做的。我如何才能达到一个更高的水平呢，比如 5 000 美元以上。”

“你问他们要过这个价吗，凯文？”

“什么？”

“你跟他们开过 5 000 美元这个价吗？”

“嗯，还没有。我的意思是……嗯，我没有。”

她把手放在我的胳膊上，轻轻拍着我，好像我是个小孩子一样。

（我是大师膝前的学生，我什么也不知道，但是我追求知识。）

"好吧，亲爱的，只管向他们去要吧。"

（她看了一眼我的书，笑了。）

"谢谢你，道蒂，我会的。"

在那个清冷的下午，就在明尼阿波利斯，我走出学校大门，心里一直在犯嘀咕，刚才自己看起来是多么愚蠢啊。一个成功作家，向一个和善的老妇提出了地球上最愚蠢的问题。谢天谢地，没有人看到刚才这一幕。

时间又过了1个月，转眼进入初冬。那段时间，我的嗓子疼得厉害，得了重感冒，鼻孔塞得透不过气来。我感觉糟糕极了。电视里正在播放CNBC的节目。市场行情不是特别好，那天我没有进账。

这时，电话响了。

"会是谁呢？"周围没人，我对着CNBC问。

我拿起电话："我是凯文，需要帮忙吗？"

"是霍根博士吗？"

"是的。"

"哦，听起来你的状态不太好啊。我是销售协会（化名）的理查德·马克斯（化名）。"

"有什么事吗？"

"我们看了你的网站，我们想为在明尼阿波利斯召开的冬季会议请一个演说家。你现在的开价是多少呢？"

机会来了，过去1个月你一直都在写你的新书《谈话的艺术》（*Talk Your Way to the Top*），现在，工作已经完成，书已经送到Pelican出版社。你打算怎么答复这个人呢？你的声音听起来糟糕透了。你刚刚还对着CNBC大吼大叫。你……只管去要吧，亲爱的，只管开口……

"5 000美元，但是我必须多了解一下你们公司的情况，还有你们需要什么样的人。"

理查德向我介绍了他们公司，告诉我他们希望我讲讲“肢体语言”，然后问我是不是能够降到 4 000 美元，这是他们预算的上限。4 000 美元和 5 000 美元又有什么区别呢？你只需要工作 1 个小时，凯文？你这个白痴。需要开车 1 个小时，再加上工作 1 个小时……只管去要，亲爱的……只管开口。

“不行，我的收费是 5 000 美元，而且我认为我能做得很好，绝对是你们想要的。为了 1 个小时的演说我还得再花 1 个小时作准备。”

“那我得向公司申请一下，我会再打给你的。”

我开始在心里骂自己，“你这个蠢货。”[CNBC 正在做一个有关披头士成员林戈·斯塔尔（Ringo Starr）的节目……我当时应该问问朋友们的意见的……林戈……]“你究竟在想什么？4 000 美元啊。你只拿过一次这个价钱，而且还是工作了一整天，不是 1 个小时。现在你却说要 5 000 美元？蠢货，蠢货，蠢货。”节目主持人修·赫雷拉（Sue Herrara）和披头士成员罗恩·英萨纳（Ron Insana）正在谈论为什么如今市场不景气，而我此时感觉自己更像是个大傻瓜了。这一天，铃声再没有响过。

（注意到这里的自责了吗？注意到我是如何嘲讽自己的了吗？）

第二天，电话响了，我一直等着它……

“凯文·霍根。”

“是你吗？”

“谁啊？”

“理查德·马克斯。”

“嗨，理查德，你好啊，很高兴接到你的电话。”我当时想，我会同意 4 000 美元的。再提一次吧，我就会同意了。

“凯文，公司同意了，5 000 美元，我们希望你……”当时我什么也听不进去了，脑中只有道蒂，“道蒂，我爱你……”“只管去要，亲爱的”……我从没怀疑过你，道蒂，我发誓……只管开口……我写了《说服心理学》。我的意思是，人需要多长时间才能意识到连自己都不能够按照自己的建议去做？道蒂，你是最棒的……

“你觉得怎么样，凯文？”

“当然，没问题。让我们再讨论一下细节吧。”

交易成功。6个工作日之后，我收到了支票。我再也没有对脑中这个细小而甜美的声音产生怀疑。从那之后，我经常会想起道蒂。

你是否曾经为没有自尊而感到痛苦？我们都有过。我告诉你这个故事是因为每当我想起它，就会告诉自己，我对别人、对社会、对我自己的贡献真的值这么多。我也会想起我的童年，无论情况多么糟糕，都不会比那时候还差。

在销售中，你的收入是由你自己决定的。无论你是10岁，还是70岁，你可以决定自己的命运。你是一个自由的人，你可以选择出售几乎任何你想出售的产品或者服务。一旦你选中自己想要推销的产品或者服务，记住这个事实：人们不是因产品，而是因你而购买。

你必须提供一项好的产品或者服务。你所推销的东西对你的形象和自尊都很关键。它们必须是最好的，如果不是，就不要卖，赶快去找最好的团队。每个产品都有问题，每个服务都有缺点。我的问题是，你是不是选择了最好的团队？如果不是，赶快与最好的销售团队签约，接下来就看你的了。

推销是一项与内心紧密相连的工作，源自人的大脑。推销是一门包括信仰、价值、态度、生活方式、感情、情绪及心理变化在内的科学。**推销是世界上最有魅力的职业，因为它可以带给你任何你想要的东西：**

- 自由
- 保障

- 生产力
- 独立性
- 成就感

你不再是任何人的奴隶。你就是自己的老板，自己生活的主人。你再也不会只工作 40 个小时了，你将工作 50 小时或 60 小时，因为你在为自己和你所喜欢的人工作。推销可以改变到处存在的计时工资制，你再也不是拿小时工资了。未来生涯里，你将会一直处于“非雇用”状态，成为生活的真正主宰者。

我讲了一个自己的故事，你得到了些什么呢？

- 知道我童年的时候都为家庭做了哪些贡献；知道我关心家人，也知道了我希望能照顾他们。
- 你了解了我是如何得到自己所应得的报酬的；看到了我如何与自尊作斗争，或许还发现自己与我有很多相似之处。如果我能做到，那么你也能。这条信息非常关键，我有意识地传达到你们无意识的思维中。
- 你知道了我在影响力领域比较成功，因此，更愿意接受我告诉你的这些事实，并照此去做。
- 我向你揭示了一些人性的弱点，现在，你知道我并不是一个超人——我自己也不认为我是。如果你希望人们喜欢并且尊重你，就必须让他们知道你一点都不傲慢，你和他们是一样的。

第8章

场景说服进阶技能——如何提问？

COVERT PERSUASION

寻找适当的时机提出带有感情色彩的问题，听到的人会不由自主地回答你。只要他们“中计”，你就可借此提高个人魅力和说服力，从而使他们愿意买你的账，购买你的产品和服务。

我知道你会怎么做。

你会回答一个问题……任何问题……每个问题。即使小声地，你也会回答这个问题。即使你不知道答案，也至少会在心里默默地想一想。

有一个基本的事实：人们通常会接受自己通过思考得出的观点，而不接受你灌输的观点。说服的全部诀窍就在于帮助别人形成自己的想法，当然，这其实就是你的想法。你要让他说出这个想法、真正拥有这个想法，并最终按照这个想法去做。

人们有没有拥有决定权，与决定是否被执行直接相关。如果一个人可以自己拿主意，他就很可能去实践这个决定。因为这是他自己的主意，他对此有一种强烈的责任感。

抢占人云亦云的心理制高点

几年前，我在佛罗里达州的一个旧书店里淘到一本书，它后来成为我最喜爱的书之一。这本书是《非理性：我们为什么不直接思考》（*Irrationality: Why We Don't Think Straight*）。关于人类如何思考的问题，我已经学过好几门重要课程了。理解这一点至关重要，关系到每一次说服行为的成败。今天，我要与你分享一条重要的策略，它可以有效地帮助你说服别人。

这个并不复杂的策略叫做“可获得性因素”。它主要是指人们通常会找那些容易获得的资料来佐证自己的判断。正因为如此，人们经常使用报纸和电视新闻广播作为证明观点的证据。

这种可获得性因素有的时候被人们称为可获得性谬误。因为那些显见的事实虽然俯拾皆是，但它们并不必然推导出一种观点的正确或者一个事件的真实。它们很可能导致错误或者用假相蒙蔽你的眼睛，但因为它们对你来说最容易“获得”，因此你会不加质疑地接受，由此生发出力量。这也是广告商的生存之道，他们依靠这一点来树立一个品牌，并将其叫做“心理制高点”（Top of Mind Awareness）。事实上，他们就是试图让他们的品牌对你来说最容易“获得”。

举个例子，如果一架客机出了事故，媒体就会铺天盖地地加以报道。你不管走到哪儿，都能看到关于空难的照片，听到目击者讲述自己的所见所闻，专家们也在电视上频频亮相，分析究竟发生了什么事情。然而，基本事实并不会改变，那就是，乘坐飞机仍然比开汽车安全许多。

一个有趣的事实是，从统计学上讲，你被一头驴踢死的概率要比遇到空难的概率大。但是，我们很少听到某人被驴踢死的故事。理性地说，我们应该害怕驴胜过害怕飞机，但事实并不是这样，这正是可获得性因素所导致的结果。

无论是通过面对面的对话还是通过传播范围更广的媒体和广告照片，尽量使你的产品、服务、境遇或者机会成为说服对象活动范围内最容易接触到的信息。也许你会想，如果在面对面谈话的时候也极力推荐自己的产品和服务，是不是有点过分了。其实，这完全取决于你具体怎样操作。一旦话题涉及你的竞争对手，就转入和对方谈论你的产品和服务有哪些特点和好处，用这种简单的办法小心地扭转对方的注意力。这样做的时候，你就令你的产品或者服务更容易获得了，现在焦点集中在它们身上，人们更加乐于接受你的产品或服务。让自己具有可获得性，那将形成强大的说服力。

请选好提问时机

提问的力量如此强大，绝对值得花一本书的篇幅来详细探讨它。可以说它就是隐秘说服的杀手锏。我们将会谈到提问的核心方面，同时教你如何使用这个独一无二的工具来隐秘地说服别人。我们强烈建议你对这个问题研究得再深入一点，你可以参考书后面的目录，把其中一些书收藏进你的私人图书馆。后面列出了几本好书，都是关于提问的力量的。

寻找恰当的时机提出带有感情色彩的问题，其他人就会不由自主想要听。加入感情的力量之后，那些问题就能够帮助你提出要求，提高你的个人魅力和说服力，进而使其他人愿意买你的账，购买你的产品和服务。

在英文的所有句式结构当中，最令我着迷的就是问句。它简洁明了，有着神奇的力量。它可以塑造、引导、说服、影响及质询，是一个令敌人害怕的工具。

从心理学上讲，问题就是力量所在。比如我们正在谈话，突然有人向我们走过来，非常有礼貌地问："对不起，请问现在几点了？"我们被要求回答。在这种情况下，我们不可能继续谈话，必须先回答这个问题。一些本质根源使我们拥有自觉反应行为，正是由于这些原因，问题成为了有力的隐秘说服工具。

这些本质原因中，最重要的一个就是我们所处的社会以及我们被培养的方式决定着我们的自觉反应。我们被教育要有礼貌，如果别人问话你不回答，就显得粗鲁、莽撞、不尊重别人。事实上，我们都希望回答那些显得我们有知识的问题，能够吸引别人注意，比别人高明。因此，我们几乎会回答所有当面提出的问题，大多数问题我们都大声回答，就算有些问题不知道答案，也会在心中想一想。

不要问让自己沮丧的问题

在对自己提出问题之前，你必须清楚，你问自己的那些问题中有些是让人沮丧的。你也许已经找到了解决的办法，比如把注意力从你不希望发生的事情上移开，投向那些你希望的事。

你是否问过自己下面这些让人沮丧的问题?

- 我为什么不能多卖一些?
- 是什么让我不能更成功一点?
- 为什么每个人时时刻刻都有问题?
- 为什么所有的潜在顾客总是认为我们的价格太高?
- 为什么我必须和每一个潜在顾客周旋?
- 人们为什么不相信我?
- 我为什么赚不到足够的钱?
- 为什么我不能达到自己的目标?
- 这真的是一个好的领域吗?

注意上面这些问题对你是不利的，它们令你处于一种糟糕的精神状态中。要想得到更好的回答，你必须学会更好地提问。因为只有正确的提问，才能让你的思路不会受到误导。否则，你就会有对问题无能为力的感觉。

设计问题链，让提问效力倍增

我真诚地相信，有技巧地提问，配以有力的情感诉求，对于说服别人赞同你的观点，让他们采取积极行动帮助你实现目标，绝对是最有效的办法之一。

如果你曾经看过《法律与秩序》等拍得不错的法律类电视剧，了解律师们在法庭上当着陪审团的面为当事人辩论的情况，你就会清楚地看到，要让别人改变选择或者说服他们，问题链的设计真的非常重要。

律师都痴迷于学习提问技巧。他们的成功或失败归根结底都在于是否提出了合适的问题。他们善于编造有力的故事（通常带有丰富的感情），其中还包括很多针对证人的问题。然后，这个故事就带着陪审团的思绪朝着律师设定的方向前进。在这一天开始之前，在问第一个问题之前，一切都被设计好了。做好准备工作是成功的一个关键。

千万别小瞧"因为"

你也许曾经听说过哈佛大学心理学教授艾伦·兰格（Ellen Langer）所做的那个著名的实验。它以大学生活为背景：很多学生排队等着使用复印机，这时她让一个人走到队伍前面，对大家说："对不起，能让我先来吗？我赶时间。"大约60%的人同意这个人排到自己前面使用复印机。而如果这个人说:“对不起,我能先来吗?因为我需要复印几份。”这时,几乎 95%的人都同意让这个人先印。这里,起决定因素的就是这个“因为”。正因为使用了这个词,人们就像巴甫洛夫实验中的小狗一样,条件反射般地允许他排在自己前面!你看,“因为”的作用多大。

注意,最强有力的问题也用在这里了。研究者并没有让这个人走过去说:“我要先复印一下,因为我需要印几份东西。”而是先来一个问题,再说出一句“因为”。可见,只有当你的请求以问题的形式出现时,才能够发挥出最大的力量。

不管别人问你什么,都要用“因为”这个词来回答,你会发现人们总是同意你的意见。请求别人配合你时,也要使用“因为”这个词。通常人们立即就会对这个词作出积极的反应。

提问需知的 10 大优点

当你想要悄悄说服别人时,提问能帮你完成 10 件基本的事情,让你完全掌控局面。

不相信?想一想那些金牌节目主持人吧,比如拉里 · 金(Larry King)和芭芭拉 · 沃尔特斯(Barbara Walters)。他们访问某人时,通常能让这个人透露更多的信息,超出他原先的打算。事实上,芭芭拉 · 沃尔特斯的专长就是能用问题挖掘别人的内心世界,她以一种关心和同情的态度询问对方,对方会敞开心扉,甚至潸然泪下。

优点 1 提问能够打断对方的思路,立即吸引他的注意

无论如何,连最简单的问题都能给你带来这种好处。

优点 2 提问为你赢得时间,争取改变

在回答问题之前,对方都会先想一想答案。这使他处于防御状态,也为你赢得了时间，可以组织下一步的思想或者行动。作出回答前的那段时间具有决定性的优势，你可以利用它来指导、确认、混淆、拖延、拯救生命或者保护财产，它甚至可以改变一个罪犯的想法。

优点 3 提问给了对方说话的机会

人们喜欢回答问题，尤其是当他们知道答案的时候。这让他们成为你的盟友。

优点 4 提问可以维持别人对一个话题的兴趣

当你们的对话情绪逐渐减弱的时候，也可以通过提问刺激对方的反应，重新引起他们的注意。

优点 5 提问使对方的反对公开化，进而减少抵触

提问可以减少猜测，从而缩短说服过程所花的时间。它们可以引导你的话语和行动真正进入听众的内心。

优点 6 提问让听众得出你想要的结论

例如："如果还有红色，大多数人都会选择买红的。你可能也喜欢红的，对吗？"这就是一个"诱导性"问题。人们先是默默地——在脑中——回答你的问题。一旦他们迈出这一步，就意味着他们打算同意你的建议，而你就开始引导听众踏上你为他们设计的行动道路了。凭借提问，你进入并且开始左右听众的意识。他们也会根据自己得出的结论改变原有的想法。

优点 7 通过提问肯定听众的思维成果

提问要求回答，这一问一答便增进了你与听众之间的友谊。为什么说它重要呢？因为它证明你在情感上已经和他们相通了。认可别人具有一种交际力量，同时可以打消别人的疑虑。一旦听众得出了你希望的结论，你可以称赞他们具有敏锐的观察力和推理技巧。人们都想得到别人的肯定，提个问题就能满足他。

优点 8 用提问排除干扰

种种干扰因素分散了对方的注意力，对你没有任何帮助。听众的思绪四处飘散，这时你必须把他们的注意力带回到正题上来。不要和干扰正面交锋，你只需加个问题进去就行了。一个机敏的问题能够立刻帮助你重新抓住对方的注意力。再问一两个问题，你就可以继续探讨刚才的要点了。所以说提问可以帮助你绕过干扰因素，重新控制局面。

例如，当你正要请对方做出最后承诺的时候，一辆列车从窗外呼啸而过，分散了所有人的注意。这时，你可以简单地问一句："你是愿意坐在站台上无聊地看列车驶过，还是爬上火车，驶向光明灿烂的未来呢？"

优点 9 提问让你的请求变得温柔

不要告诉人们该做什么，而要问他们想做什么。提问是一种带有感情的请求，它赋予听众作决定的权利。如果你告诉别人去做什么，那只是你的决定。通过提问可以让你的听众感觉自己很重要。既然如此，你又何必对周围的人发号施令，招致抵抗和冲突呢？

优点 10 提问帮你打破僵局

提一个问题就能开始一次交流、控制一个人，或者约定下一次见面。即使出现不熟悉的情况，你仍能运用提问的技巧，动之以情，成功地挽救局面。

不可不知的 6 大提问技巧

就像骑自行车有骑自行车的规矩一样，提问也有其相应的规则。不是所有的问题都会对听众产生影响。你事先必须彻底考虑一下你们所处的形势，然后开始提问。如何通盘考虑呢？想一下那些出庭的律师是怎样做的。在法庭上询问证人的时候，提问是他唯一的武器。他不仅仅考虑一个问题，而是考虑成百上千个问题，更重要的是根据预期的回答把这些问题组成一个“问题链”。所以，跟成功的律师学几招吧，提前计划，并灵活运用以下技巧：

技巧 1 想要什么就问什么

例如：“如果你能有更多的休闲时间，岂不是很好？”这个问题的设计就是为了引出对方肯定的回答，唤醒对方善待自己、自我保存的意识。

技巧 2 确定你的听众知道答案

被问到自己回答不了的问题时，人们往往会感到恼怒。换句话说，就对方熟知的领域提问是一项巧妙的战略。他们会很愿意分享自己的知识，并且深入推进讨论。这让人们确定自己有价值。另外，还有一条铁律必须遵守：只问那些你知道答案的问题。这样你才能控制每个相关人物的想法，形成一个隐秘控制机制。

技巧 3 尽可能使用诱导性问题

诱导性问题无形中已经把答案放进听者的头脑，并加深他对你言论的印象。诱导性问题很容易提出，你只需要把一个陈述改装成问题就可以了。例如，“这本书很吸引人，不是吗？”广告、法庭、董事会、家庭，到处都可以发现诱导性问题的踪迹。陈述句后面紧跟的这个小小反问使提问具有寻求同意的意味。

技巧 4 让问题贴近实际、时间及听众

将情况、背景、内容、环境等与你预期的结果联系起来。当你的问题与当时的情况或者说服对象有关联的时候，你更容易得到肯定的回答。通常，使用这种提问技巧的目的是将已知与未知联系起来。比如你可以这样问：“我知道你通常会选绿色，但现在红色那款产品刚上市，你不妨试一试。我给你送一个过去，如何？”

技巧 5 向问题倾注感情

你有好多种感情诉求可以选择，包括自我维护、新体验、被认可、获得金钱、显得浪漫等。有一点确定无疑，每个人都想获得健康、快乐，希望自己被认为是一个有贡献的人，所以尽量把你的产品、服务或者创意与这些非常个人化的情感挂钩。例如，“你知道如果你开着这辆新车在城里兜风，人们会多羡慕你吗？”

技巧 6 “选项问题”有魔力

同时提供两种选择。“你觉得什么时候送去好？下周一还是这个周末之前？”要想用好这个“选项问题”的规则，你得多练习几次，你将发现它的说服能力之强，出人意料。

提问前先理清思路

每一次成功地说服都由你开始。你必须非常清楚你想要什么样的结果。为了在心中描绘更清晰的蓝图，你可以问问自己下面这些问题：

- 我在进行这场谈话的时候，希望有怎么样的感觉？
- 我希望对方有什么样的感受？
- 自私点讲，我的目标是什么（在这场交易中，我究竟想要什么）？
- 需要多长时间（我有多少时间？对方有多少时间）？
- 如果说服对象同意了请求，那我是不是离目标更进一步了？
- 如果他愿意跟我合作，他的处境会不会变得更好？
- 有什么要特别注意的吗（日期、时间、开销等）？
- 还需要谁的介入？
- 还有哪些是我不知道的？

- 哪里有可能出问题?
- 对方可能提出哪些反对意见?
- 我的说服对象最终有可能得到什么好处?
- 真的有必要让其他人介入吗? 还是我一个人就能完成?

上面的这些问题都是很好的起点。哪怕在说服之前稍微做点功课，你将更有把握获得成功。试想，如果你把这些问题全都写下来，并且迫使自己集中于这些问题，一一作出回答，那么，几乎没什么事情可以阻挡你了。对方所做的事情全在你的意料之中。而且，明确的答案会带给你一个清晰的目标，迫使你专注于那些能实现目标的思想和行动，更加成功地说服别人。

用问题隐秘影响他的思维

要想立即产生影响，最好的办法莫过于设计一个巧妙的问题，并在恰当的时候提出它。真正隐秘的力量是通过提问支配对方的想法。例如，我问你："对不起，我急着赶飞机，你能告诉我现在的准确时间吗？"这样，我就成功地把你的注意力引到你的手表上（或者屋子里的其他钟表上）。任何时候，只要我简单问个问题，就可以控制你的大脑，哪怕只有短短几秒钟。所以，在适当的时候问问题，会有意想不到的效果。

下面是一些能够影响人们思维的问题：

- 你是否愿意享受（你的要求所带来的好处）?
- 你是否想过如何得到（你确信他们想要的某种结果）?
- 对你来说重要的是（这个问题让你得知对方的意见。你可以用他们的回答将他们的思维引入你的轨道）？

- 如果（你的目标），将给你的工作带来什么好处呢?
- 当你（配合你的需求），会给人们留下多么深刻的印象?

同样的问题为什么答案不同

提问方式将会极大地改变结果。1984 年，卡尼曼（Kahneman）和特沃斯基（Tversky，美国心理学家，曾因“将来自心理研究领域的综合洞察力应用在经济学当中，尤其是在不确定情况下的人为判断和决策方面作出了突出贡献”，摘得 2002 年度诺贝尔经济学奖的桂冠。——译者注）曾做过一些实验，结果证明了我们的判断。

实验要求参与者设想他们在为一场可能导致 600 人死亡的疾病的爆发作准备。有 2 套方案可能会对局势有所帮助，如果实施方案 A，有 200 人能获救；如果实施方案 B，33% 的人可能没救。

隐秘说服诀窍

人们作决定的时候是非理性的！因此，要对这种非理性保持警惕，并且利用它们得到对方的配合。

然后，又给了他们两种选择。方案 C 将会导致 400 人死亡，而实施方案 D，2/3 的人可能获救。

你认为人们会选择哪种方案呢？仔细观察就会发现，方案 A 和方案 C 是一样的，而方案 B 和方案 D 是一样的。在第一次选择的时候，72%选择了“确定性方案”（A），大大超过选择“赌博方案”

(B）的。但是，当问题以相反的方式（C 和 D）组合的时候，结果竟然完全相反。

换句话说，从逻辑上讲，选择方案 A 的人，第二次应该选择方案 C，选择方案 B 的人应该选择方案 D，因为他们说的是一回事。但是，正是由于问题的问法不同，就极大地改变了人们的想法。

用恐吓性问题让他屈服

有种技巧绝对能够说服别人购买你的产品或者服务，那就是模拟未来。它是如何起作用的呢？在意念层面带领对方进入未来，一个没有你提供的产品和服务的未来，让他们体验没有作出正确选择（你的目标）可能带来的痛苦。详尽细致地描绘这幅图画，让它逼近现实。你还可以提一提，在糟糕的处境下，他们会怎么样。或者，加上一些细节，比如那些他们尊敬的人会非常失望，他们会遭到反对，甚至可能让他们关心的人感到不舒服、尴尬或者受伤害。

然后，慢慢提醒他们这些糟糕的情况都还没有发生，如果他们现在作出不同的选择，你就可以帮助他们阻止这些情况发生。你可以提供给他们一个更好的选择，这样那些不好的情况就都不会发生了。也就是说，你（或者你希望他行动的路线）是帮助他摆脱目前处境的一剂“解药”。

然后你再问问他们更愿意选择谁。答案已经很明显了，他们会选择你。

第9章

场景说服最高境界——以情动人

COVERT PERSUASION

用情感说服比用事实说服要有效得多。因为事实本身是冰冷的，而情感却可击中人们内心最柔软的部分。请记住，任何时候，无论人的内心多么坚硬，但感情总是脆弱的！

我打赌你听过这样的说法，人们作决定时总是先跟着感觉走，然后再用事实来证明。

正是这样。人类是感性的动物，每分每秒都受到情感的支配。我们很少进行逻辑分析，尽管逻辑思维在很多决定中也发挥了作用，但它总是退居其次。感情因素有极大的影响力，你可以有意识地利用它们来为你服务，因为情感的力量、作用和控制力是潜意识的过程，它能够躲过大多数人的批评性思考。

当生活出现一些问题的时候，我们很少去想自己有何感觉，而只是去感觉，只是对环境作出情绪反应。在说服的这场游戏中，力量也正蕴藏在这里。在使用情感力量之前，你必须弄清楚说服对象的目标究竟是什么。如果不能准确地把握，任何关于他在特定刺激下会如何反应的猜测都将是错误的。

让人潸然泪下的萨拉

最近我参加了一个大型的商业聚会，一个来自人类家园国际组织（Habitat for Humanity）的特邀演讲人在会上发言。这个组织本来可以直接向听众募集时间、金钱和物资，用来实现帮助有需要的人建设家园的计划，而且他们已经收到了一些捐赠，但他们却没有这样做。相反，这个演讲者详细讲述了关于尼尔森（化名）一家的故事。

她给我们讲了这家人的工作和他们的难处，提到了他们的女儿萨拉（当然，也不是她的真名）。萨拉 6 岁了，这些年来一直与父母住在一个只有一间卧室的房子里。

后来的情况也许你已经猜到，这个家庭获得了人类家园组织提供给他们的房子。他们举行了热烈的剪彩欢庆仪式，所有为这家人捐赠的志愿者都到场了。就像所有故事里描述的那样，住进这个房子的尼尔森夫妇感激涕零。但是大家发现好像少了点儿什么，是萨拉。于是人们开始找她。

最后，是这个演讲者找到了她。萨拉在新房子的一个卧室里，正坐在空房间的地板上掉眼泪。当别人问她为什么哭的时候，她抽泣着说：“这真的是我的房间吗？”她说这个房子太漂亮了，她简直不敢相信所发生的一切。

故事讲完的时候，好几个人都感动得流下了眼泪。是的，人类家园国际组织本来可以简单地直接要求人们捐款，而且可能已经收到了一些。然而，这个充满感情的故事拨动了人们的心弦，给观众留下深刻的印象。这个故事为它赢得了更多的志愿者，同时也使世界上更多像萨拉·尼尔森这样的孩子拥有了一个光明的未来。

瞧，用感情来说服比用事实要有力得多。因为事实本身是冰冷无情的，感情却可以承载意义，打动人心，使他们做你希望的事情。然而，如同我们先前曾提到过的专注于目标的思维方式一样，我们必须先对期望达到的结果有一个清晰的预想，这一点非常关键。如果你没有一个疏导能量的计划，激发起许多无关的情绪就是一件危险的事情。因此，确保你有一个计划。这样一来，当你与对方有情感交流的时候，他们就很清楚自己该做什么了（它们碰巧是你所希望的：捐赠、投票、购买等）。

你不可不知的情感攻心技巧

我们总是先产生感情，然后再由感情引导大脑逻辑性的一面。思维的路径一向是先感情，然后才是逻辑。如果你想通过感情来说服别人，你必须提前作准备。仔细挑选，你想要激发起对方哪种情感，并且要清楚地知道这种情感将把他引向何处。如果你想减少某人的负面情绪，就必须先谈起另外一个人的积极情绪，然后把它与你的说服行为联系起来。

人们只愿意寻找证据来支持他们现有的观点。因此，从他们相信的东西开始，让他们看一些他们“知道”是真的东西，然后推导出你想要的最终目标。这样，他们即使改变原来的想法，也不至于没有面子。当一个人从感情上接受某种观念的时候，对立的观念通常会被抛弃，其原有的看法则进一步加深，他们更加相信自己是正确的。因此不要强加给他们信念，相反应该通过提问向他们提供一些新的信息，促使他们得出新的结论。显然，这些设计好的结论一定是对你有利的。

如果这些都是真的（的确是真的），我们有什么希望说服对方认为我们的道路正确呢？一个好的说客会首先确定对方的立场，然后运用“3F（感觉、感受、发现）”技巧向对方提供一点新的信息，然后他就开始朝你的方向思考，同时也保住了面子。你可以说：“我理解你的感觉，我遇到过的许多人都有同样的感受，但是当他们再仔细看一看，就会发现……”

这个技巧在你的私人生活、工作及社交当中悄悄地起作用。首先，让人们知道有一群相似处境的人和他们抱有同样的想法（这是社会证据，使他们感觉放松，卸掉防备）。然后给他们一些新的信息。他们就会对自己说："如果我早点知道的话，情况可能就会不一样了。"这个新的信息使人们开始沿着你的方向去思考。遵守社会准则是理性的，这让对方放心。这个策略可以说非常隐秘有效。

还有一种情感反应：如果一个人被理解，那么他就会更加愿意顺着你的方向去想，并不断地帮助你前进。

这是人类"本我"的自然流露（当然，人类的"本我"全都是不理性的感情）。大多数人在结果不理想的时候都不愿意受到指责。相反，他们会找其他人或者其他东西来推卸责任。作为隐秘说服者，你必须帮助他们找到这个替罪羊，使他们的意图更加明显。可以让他们知道，如果当时受到控制的话，他们就会以不同的方式行事。然后告诉他们，按照你说的那样去做将会帮助他们赢得胜利，确保进一步的成功。

人们渴望确定，内心深处并不一定欢迎惊奇、惊异。我们喜欢知道发生了什么事情。所以，在向别人提出请求的时候要反复思量，给他们一种真正确定的感觉，他们就很可能听你的。

人们在非理性或情感层面会受到确定性的影响。

在向别人提出要求的时候，斟酌你的用语，强调确定性。让对方顾不上考虑逻辑就答应你要求。

思考是所有工作中最艰难的，这也许就是为什么只有少之又少的人愿意从事它的原因。

——亨利·福特（Henry Ford）

第 10 章

27 项观察结论及说服方法

COVERT PERSUASION

与你分享 27 项观察结论，共同体验人在不同场景下的思考方式和行为，学会如何悄悄说服不同场景下的不同人。

我们仔细观察人们在不同情境中的思考和行动，总结后得出 27 项结论。接下来我们将与你分享这些经验，它们来自于我们几十年的生活和销售工作经历。尤其是那些在推销过程总是游移不定的顾客，他们有时购买你的产品，有时又抗拒你的推销，你知道原因是什么吗？

27 项现象及说服方法解密

我们不仅要与你分享这些观察结论，还要把它们与隐秘说服技巧联系起来，使它们真正能够为你所用。

祝你取得成功！

COVERT 现象 1 PERSUASION 不知道如何提出有分量的问题

大多数人不知道如何提问，他们宁可假装自己已经明白了。

说服方法：既然人们喜欢被看成无所不知、无所不能的人，你就可以向他们提事先设计好的问题，一起分享他们的经验，然后引导他们认同你的观点。温习一下第 8 章，然后花一点时间琢磨问题的质量和隐秘说服力。如果你提问的能力得到增强，最终将会引导他们作出你想要的决定。

现象 2 情绪影响行动

你一定知道，你情绪不好时必定影响你看待生活的方式。这很关键，因为你的说服对象也是一样，他心情恶劣时肯定让你的说服工作极为困难。

说服方法：在你和他的谈话中加入能强力改变他心情的问题（如幽默、笑话），可有助于降低他对你的抗拒，从而扭转他的态度。记住：在生活中你有控制好自己情绪的责任，同时也要运用你的学识和修养改变你周围人的态度和情绪。

现象 3 人人都向往美好的未来

人都喜欢憧憬未来，每当想到未来的美好前景时，总会让人心旷神怡，眉开眼笑。因此说服人时，要多诱导你的说服对象憧憬未来。

说服方法：多设计一些问题引导你的说服对象理解新事物，然后以你擅长的语言向他描述一幅未来的美好蓝图。特别要运用比喻、类比等方法，将新产品、服务或情景与他熟悉的东西联系起来，使你描述的蓝图更清晰诱人。

现象 4 人都不喜欢直接说出自己的真实想法

大多数人都能很快说出他们不想要什么，其实他们也知道自己想要什么，只是自己不想说出来而已。知道这一点，你可用它在说服别人时大做文章。

说服方法：记住与你的说服对象谈话时多使用这句话："我知道你不清楚，但如果你清楚的话，你会怎么办？"令人惊讶的是，大部分人都能清楚地回答这个问题。记住，谈话的关键时刻，你能抛出一个清晰、有诱导性的问题，将会帮助你了解你的说服对象的真实想法，而他所想的就是你想要的。

现象 5 顾客最在意你的响应速度

你知道你的顾客最在意的是什么吗？当他说出"我最快什么时候能拿到？"这句话时，你一定要高度重视，因为速度是关键。

说服方法：反思你的工作方式，问自己几个有分量的问题，比如说："能让我更快完成这件事的 7 种办法是什么？"然后迫使自己写出 7 个答案来。如果你很快就能提出来，那你就有可能赢得更多合作、信任、尊重及生意。

接下来就是把你的优势告诉顾客。如果你真的能够提供更快捷的服务，而且比顾客想象的还要好，自然会让人对你印象深刻。但你不能过分吹嘘或作出你不能实现的承诺。

现象 6 顾客放弃交易时不会对你说实话

在销售活动中，很多顾客即便对你公司提供的产品或服务不满，但他们也懒得和你说，而是直接寻找其他生意伙伴。但是埋在他们心头的不满，只会让他们对你公司的印象更恶劣。

说服方法：你必须对顾客的感受超级敏感，并充当他们的利益保护者。首先你要真心倾听每位顾客抱怨时的倾诉，怎么样才能做到呢？问他们开放式的问题，并且静静倾听。不要打断你的顾客，或者试图对每一个细节进行辩解，听他们说就好了。然后，让他们确信你很重视他们的工作，并且愿意为他们作出调整。记住，在提供你的解决方案之前，先问问这些顾客他们认为如何才能更好地解决问题，你会从中得到惊喜。

COVERT 现象 7 PERSUASION 喜欢抱怨是人的天性

在工作中，很多人都喜欢抱怨，尽管抱怨不一定给他们带来好处，但他们还是时不时地抱怨。在他们看来，抱怨会减轻工作压力或者得到别人的关注和帮助。

说服方法：当他抱怨时不要质问他想干什么，这样只会让他对你产生抗拒，使情况变得更糟。这时你要做的是认真倾听，从他抱怨的问题中获取更多有价值的信息，并计划相应的方法，努力帮他解决实际问题。

COVERT 现象 8 PERSUASION 别以为顾客什么都懂

客户和你一样，每天忙忙碌碌。他们没时间研究你的产品，弄清你的服务，以及如何利用它们来解决问题——这些都是你的任务。

说服方法：设想顾客可能不明白的问题后向他提问，并且认真听取答案，知道他的问题后你就可以自信地推荐你的产品和服务了！现在你已经建立起足够的威信，你的建议将会对他产生影响。

那还不赶快抓住机会？

现象 9 人有时容易轻信

你也曾听过这句老话："不要盲目相信"。它提醒你对周围的一切可能性保持警惕。但事实上总有很多人不喜欢思考并质疑那些不靠谱的事情，他们总是容易轻信。

说服方法：对容易轻信的人，提醒他们经常问自己："假如……该怎么办？"尽可能提高独立思考能力，不要因轻信而上当受骗。

现象 10 人人心中都有判断是非的标准

正如汽车都有仪表盘，我们每个人心中都有一把标尺。它帮我们判断是非，提醒我们远离险境。当你的顾客突然出现某种令你不解或困惑的反应时，一定是他们基于内心的判定标准，对你的言行进行最直接的判断后作出的反应。而你要达到你的销售目标，就是要让顾客判定他购买你的产品是非常英明的行为。

说服方法：说服顾客的关键是了解他的判定标准是什么，通过有目的的提问，套出他内心的真实想法是唯一可行的好办法。

现象 11 平庸者无影响力

大多数人和橘子、玉米及黄金首饰等商品一样，都有其经济价值。但正如黄金与玉米价值不同，不同能力的人价值亦不同。能力强者价值高，影响力大；平庸者价值低，影响力弱。

说服方法：要成为有影响力者，首先你要提升自己的能力，别让自己成为平庸的"商品"。即你要按 USP 理论（Unique Selling Proposition) 提升自己独特的"卖点"和"品牌价值"。并且也要帮你周围的人实现这一目标。提升你的个人价值将使你的人生目标更清晰，帮助你更快取得成功。一旦你成为一个与众不同者，你就不再是一个普通“商品”，因为你已超越平庸，将具有更大的影响力。

现象 12 浪费时间和精力最多的是那些低价值客户

你必须知道，你的很多顾客并不值得你浪费时间和精力。你要用 80/20 法则抓住那些重点客户，将你的时间和精力用在最值得关注的 20% 那部分。至于 80% 的那部分低价值客户，就让他们去消耗你的竞争对手的精力吧！

说服方法：首先训练自己如何识别那些浪费你精力和时间的顾客，然后将方法教给你的员工或助手。对于那些价值较低的顾客，就礼貌地将他们介绍给你的竞争对手，这绝对会极大提升你的业绩。

现象 13 顾客都认为自己最大

无可否认，这种心态处处存在。当你走进公司的客服部门时，每个客服人员都会向你传达类似信息。只要与客户联系，他们都会高度警觉，如同要立即投入战斗一样。现在这个年代，人们对于企业都持一种“你欠我”的态度！

说服方法：当你面对客户时，请认真倾听，并以真诚的态度解答顾客的问题。

现象 14 每个人都认为自己看到的是真相

你认为自己眼见为实，而巧的是你的顾客往往也持这种态度。

他们对一件事往往有着和你截然不同的看法。有些沟通之所以失败，就是因为人们看待问题的方式不同，对结果的解读也不一样。

说服方法：与他人的沟通成功与否，取决于你能否从他们的角度看问题。当你向顾客提问时，得知他们的答案后再换位思考，可进一步理解他们对问题的看法，这自然有助于你扫清沟通障碍。

现象 15 人都怕麻烦

人总是本能地选择捷径。如果做某件事很难，做不好会受到惩罚，人们就很可能不去做这件事。也就是说，如果买你的东西很不方便或者买你的东西有什么不好的后果，你的东西就很难卖出去了。

说服方法：必须让顾客知道你产品的独特卖点，告诉对方买你的东西将会帮助他们避免花钱又费事的痛苦。最重要的是，为他们做好每一件事，使购买变得更容易。记住，人都怕麻烦。如果顾客购买你的产品后，反而增加许多额外工作，那么他们永远也不会成为你的客户。

现象 16 恐吓有时更易让客户就范

避免痛苦是比向往幸福更大的激励因素。例如推销员这个群体常被看做是一个追求幸福的团队，但是在杰出的销售业绩背后，更加强大的动力是对贫穷、失败、尴尬或者其他痛苦经历的恐惧，才是鞭策他们达到成功巅峰的动力。

说服方法：向顾客说明潜在的损失风险，让他知道如果现在不采取行动，就绝对会遭受损失。反过来，再让他相信购买你的产品和服务不仅能使他避免损失，还会得到意外的惊喜。这样，你得到一笔订单的可能性要大得多。

把你要说的东西事先写在纸上不失为聪明之举；如果你真的做到了，最后出现的结果连你自己也会感到惊诧。

智慧的目标不是确保快乐，而是避免痛苦。

——亚里士多德（Aristotle）

现象 17 工作干多干少取决于人的心情

人类有一种奇异能力，他们可以用一下午才做完本来 1 小时就能干完的活，也能把一整天的工作压缩到一个下午。工作就像一个气球，能随着时间的多少膨胀、收缩。

说服方法：针对工作效率不高的人，可协助他制订工作计划及进度帮助他提高效率，使其工作能力最大限度地发挥。但是否能成功则取决于你的沟通能力，记住：沟通时要有技巧地提问。

现象 18 听别人说能知道得更多

你可能发现大多数人并没有耐心听你所说的每句话，你或许也一样。你意识到这点后要学会倾听，因为你不能从你自己说的话中学到任何知识，但有可能从别人说的话中学到，所以应当仔细听别人说。

说服方法：与人交谈时多用惊奇、兴奋的声音表达你对谈话的兴趣，以鼓励对方多说些。并在谈话时适时提出问题来引导话题方向，在此过程中少说，多听。

现象 19 笑声多的人心态好

笑声多的人更阳光和健康。一个人如长期忧郁，缺少笑容，身体免疫系统会受到抑制，自然有损身体健康。所以凡事看开点，遇到烦恼要一笑而过，让精神早日振作起来。

说服方法：遇到情绪忧郁的人，建议他们多与孩子们待在一起。因为孩子笑得最自然，他们才不会考虑要等别人先笑我才能笑，或者现在笑会不会被人认为很傻这类问题。想笑就笑，无拘无束，自然而然，这就是孩子们教会我们的。而要学会这些，最好的办法当然就是和孩子们待在一起。

现象 20 负面情绪会传染

躲避负面情绪这一点很难学，有的人永远也学不会。你必须尽量远离那些总是消极低沉的人，把他们抛在身后，远离他们，继续向前。

说服方法：认真观察一下你在生活中经常遇到的人，有没有谁总是很消极？你知道该怎么做了吧。

现象 21 语言丰富的人说服力强

人生有时就像一场终身监禁。唯一不同的是你拥有监狱大门的钥匙——语言。人的语言非常有力，可以给你自由，让生命中的每次经历都丰满充实，具有活力。

说服方法：时刻记住增加你的词汇量，不断发现新词。买一本好词典，经常翻查。当你在书中、网上或者文章中看见一个自己不认识的单词时，赶快去查！找到它的意思，学会使用这个词，把它深深烙在脑海里。为自己制订一个计划表，每天学几个新单词，并且保证好好使用它们来丰富你的生活。

现象 22 开空头支票更让人愤怒

许多公司的出发点也许很好，但是经常让顾客感觉自己没有受到尊重。为了诱使你和他们做生意，他们往往承诺很多，然而之后兑现的却很少，这往往让人有一种上当受骗的感觉。

说服方法：忠告喜欢开空头支票的人在生活和工作中要少许诺，多兑现。当你口碑良好且人尽皆知时，将会让你受益终生且帮助你取得成功。

现象 23 人都迷信自己的偶像

这条经验很容易理解。人们喜欢模仿自己崇拜的人，这是真的。

说服方法：我们可以利用联合法则和朋友法则来说服别人支持我们。告诉他们如果按照你的建议去做，会像自己的偶像一样成功，像这样激励，常常可使他们听你的。

现象 24 大多数人缺少强烈的进取心

如果每天清晨你都是从床上一跃而起，生机勃勃，充满活力，迫不及待地迎接新的一天，做点有趣的事，制造一些变化。真是这样该多好啊！事实上你真的可以做到。

说服方法：花点时间为自己每月、每季、每年的工作设定一个目标和达成进度。如果你从来没有做过，那就试试吧。它将给你的生活带来方向和目标，使你头一次把一切看得清清楚楚。哪些人和你的目标一致，哪些是干扰因素，一切都很明朗，这种明朗就是力量。一旦你有强烈的进取心，你会发现成功原来并不难。

现象 25 缺少规划的人总显得手忙脚乱

你肯定听说过："凡事预则立，不预则废。"不管是否有用，都要先为自己的工作制订一个备用计划。或许你一直不会用到，但一旦有需要，它就能有效帮你应对突发状况，而不会使你手忙脚乱。

说服方法：在一项重要工作展开前，写出下周、下月、下年……考虑到所有的可能性。什么将会发生？什么很可能发生？然后制订计划，一旦真的发生，你也能处于有利地位。

如果你真的这样做了，就会是个成功者。

现象 26 总有一些人以打击别人为乐

职场中从来都不乏自己工作不积极，却喜欢对别人的工作冷嘲热讽的人。他们总以打击别人为乐，极具破坏性。他们从来没有创造过任何东西，所以要尽量避免和这类人接触。

说服方法：当这些人对你的工作大放厥词时，必须当面反驳他们。因为他们散布的负面情绪具有传染性，一定要阻止其蔓延。

可是，怎么阻止呢？还是得靠提问。询问他们对如何使项目成功有什么意见，他们往往无话可说，而且他们的反对意见，没有实质内容。当你当面反驳他们的时候，他们会收敛许多。

现象 27 越来越多的人不喜欢阅读

很少有人认识到建立自己的私人图书馆的重要性。阅读让你向最好最伟大的思想学习，但为什么人们现在越来越不喜欢阅读呢？因为他们总觉得自己是正确的，因而缺乏对知识的好奇。所以，从现在开始就培养你的好奇心吧。

说服方法：买书、听磁带、参加研讨会，学习、吸收所有的知识。让自己的每一天都更加好奇，去寻找事物的内在联系，努力阅读，使自己成为别人的榜样。

没有什么比日复一日做相同的事，却期望出现不同的结果更荒唐的了。

——阿尔伯特·爱因斯坦（Albert Einstein）

第11章

最后的叮嘱

COVERT PERSUASION

说服的最基本目标是使说服对象从原先的立场改变为你希望的立场。这要求你在每次说服开始前，准确估计对方的立场和心态，然后专注于目标，达到自己想达到的目的。

现在，我们要想一个好办法，把以上所有信息综合起来为你服务。为了把所有核心信息聚集到一起，我们制定了一个汇总表供你快速查询，另外还有一张工作表，你可以自由填写，确保你的每一次说服计划都能够成功实现。

记住，隐秘说服的最基本目标是使说服对象从原先的立场改变为你希望的立场。我们把它叫做“决定导向”。

让我们详细解释一下。如果我们密切关注，就能够在每一次说服开始之前，准确地估计对方所处的立场，然后利用专注目标思维找到自己想达到的目的，这样，就有可能在尽可能短的时间里说服他遵从我们的想法。

这里有一个简易的决策树形图，每一个点都是一个决定。我们的目标是通过运用本书介绍的隐秘说服技巧和策略，控制并指导其他人作决定，从而使你更多地得到你想要的东西（见图 11.1）。从图上可以看到，每一步的分岔路口，你的说服对象都有很多种选择。你当然希望他能够沿着你希望的路线走，但面对前进路上的每一步，他都可能作出错误的决定。因此你必须把这本书带在身边或者放在近手之处随时翻看。你需要熟悉所有的隐秘说服技巧和策略。

尽管在某些时候，某些条件下，只需要恰当地运用一个技巧就可以完全解决问题，但通常情况下，说服别人并非一蹴而就。你必须时常进行“逆向思维”，即从你想达成的目标开始，慢慢向回推移。这需要额外的努力，回报就是使你隐秘说服的行动更容易成功。对于这一切，别人一般不会意识到。他会觉得自己是主宰者（而你知道你才是真正的操纵者），而人们的确容易照着自己的决定去做，而不是按照你告诉他的。因此，使用这些说服技巧时是否隐秘是成功的关键。

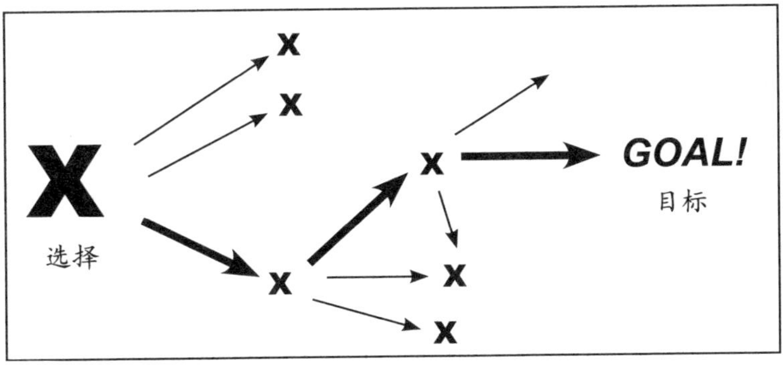

图 11.1 决策树形图

勇敢作出决定

只有一种作决定的办法，那就是作出决定。用尽你所有的努力去支持你的决定，然后集中精力和注意力推动它得以实现。不要彷徨四顾，一定要破釜沉舟，没有回头路。一旦作出一个决定，就尽全力去完成它。

当你作出一个艰难的决定，就会感觉好一些。你可以集中全部力量朝着这个新决定的方向前进。你的决定还必须注重经济效益，讲求速度效率。如果你发现自己持观望态度，无法作出一个决定，那么你就会感到越来越紧张。你拖延的时间越长，越耽搁，就越觉得不舒服、不轻松、不确定。

决定的延宕将带来一个恶性循环，产生紧张、压力，耗费宝贵的能量。它还会导致焦虑、紧张及逃避行为。因为你越是躲避和耽搁，越会产生更多的焦虑和压力。很快这样的情况在你的脑中变得非常消极，你就会更加想要逃避它，进而带来更长的拖延。这是一个没有尽头的恶性循环。

唯一能够打破这种循环的办法就是作出决定，然后实践它。只有这样，焦虑和紧张才会消失。你会发现每件事都更加清晰、容易，令人兴奋。因此，赶快作出决定并且付诸实践吧。

注意：你有没有注意到我刚才运用了前面讨论过的“模拟未来”策略？我带你体验了不作决定将会带来什么样的前景——产生焦虑和紧张——然后又带你回到当下，并且告诉你解决的办法就是尽快作决定！然后我告诉你作出一个决定可以令焦虑和紧张消融，你将会达到一种发自内心的宁静满足状态。

你现在清楚所有这些环节是怎样合在一起发生作用了吧？

本章后面是一个包含隐秘说服工作表的附录。把它们放在一起是为了帮助你掌握本书中所有重要的概念，然后在下一次说服行动中付诸实践。这几页纸会帮助你预先作出决定，你也能够知道如何帮助你的说服对象作出正确决定，助你达成目标。当你有一个重要的推销任务、面试、谈判或者工作上的其他事务必须自己完成时，可以直接参照这几页。这个工作单会带你浏览隐秘说服过程的每一部分，帮你确信自己拥有足够的说服力。

你可以把这几页复印下来，遇到新情况，就可以使用它们。

保持好奇

你想要赢得胜利，想要改善你的社会地位和生活条件。正因为如此，你学习了本书的内容。由此开始，你变得对其他人充满强烈的好奇。“说服”这个话题非常复杂，已经远远超出了一本书所能承载的内容。如果你开始对它产生了解的欲望，不久就会建立起属于你自己的图书馆，包括成千上万与说服有关的书籍、磁带、唱片、影碟等。这听起来遥不可及吗？本书的两位作者都拥有自己的私人图书馆，藏书成千上万。我们真的对人类社会及世界如何运转非常好奇。我们鼓励你培养对人类的真实而强烈的兴趣，去探索更多的人类秘密。记住，**你在生命中要获得的任何东西都必须通过与别人合作才能得到**。好奇心是你最忠实的盟友！

COVERT PERSUASION

附录 1

场景说服工作表

这张工作表是专门供你使用的。你可以把它复印下来，作为清单引导你每一次重要的说服任务。当你填好这张表后，成功的机会就开始大大增加！开始吧！

今天的日期 ____________　　　会见日期 ____________

私密目标（除了你之外，没有人能看到这个表，所以，要如实填写。写下你所期望的最佳结果。）

____

____

专注目标思维栏

相关人物：　　　　　　他们的立场：

1.____________________　　____________________

2.____________________　　____________________

经过我的劝说，我希望他们相信、感觉以及 / 或者做些什么：

1. ____

2. ____

附录 2

场景说服词汇表

词汇表 在你的信息里尽可能多地、恰当自然地使用下面这些词汇；它们被证明是最有说服力和影响力的词汇。用笔圈出你打算用的词语：

你	You	金 钱	Money	节 省	Save
爱	Love	结 果	Results	健 康	Health
简 单	Easy	发 现	Discovery	证 实	Proven
新 的	New	安 全	Safety	保 证	Guarantee
自由的	Free	是 的	Yes	快 速	Fast
为什么	Why	如 何	How	秘 密	Secrets
销 售	Sale	力 量	Power	现 在	Now
因 为	Because	注意力	Attention	宣 布	Announcing
比 较	Compare	完 成	Complete	打 折	Discount
免 费	Free	讨价还价	Bargain	独一无二	Exclusive
想 象	Imagine	魔 力	Magic	原创的	Original
无限的	Unlimited	请	Please	真 实	Authentic

受欢迎的	Acclaimed	进 步	Advancement	惊 讶	Amazing
意 识	Aware	吸 引	Appealing	最 后	At last
突 破	Breakthrough	挑 战	Challenge	变 化	Change
选 择	Choice	经 典	Classic	舒 适	Comfortable
值 得	Deserve	推 进	Boosts	方 便	Convenient

（续　表）

尊　贵	Distinguished	非　凡	Extraordinary	发　觉	Discover
简　单	Easily	有　效	Effective	如　何	How to
例　外	Exceptional	兴　奋	Exciting	独一无二	Exclusive
经　历	Experience	富有经验	Experienced	专　家	Expert
新　鲜	Fresh	有　趣	Fun	尽　快	Hurry
治　愈	Heal	帮　助	Help	诚　实	Honest
重　要	Important	改　良	Improved	不可缺少	Indispensable
难以置信	Incredible	见多识广	Informative	立　即	Instantly
亲　密	Intimate	引　介	Introducing	难以抗拒	Irresistible
最后机会	Last Chance	魔　法	Magic	奢　华	Luxurious
能挣钱	Money-making	能省钱	Money-saving	自　然	Natural
自然地	Naturally	奇　迹	Miracle	提　供	Offer
心态平和	Peace of Mind	完　美	Perfect	战　胜	Overcome
乐　意	Pleasure	增　加	Plus	流　行	Popular
承　诺	Promise	有力地	Powerfully	实　用	Practical
预　防	Prevents	减　价	Price Reduction	有利润的	Profitable
意识到	Realize	推　荐	Recommended	复　原	Refreshing
放　松	Relax	可　靠	Reliable	解　脱	Relief
缓　解	Relieve	显　著	Remarkable	研　究	Research
结　果	Results	无风险	Risk Free	改革的	Revolutionary
浪漫的	Romantic	迅　速	Quickly	满　意	Satisfaction
科学的	Scientific	安　全	Security	感　动	Sensational
服　务	Service	简　化	Simplifies	安　慰	Soothe
特　价	Special Offer	地　位	Status	停　止	Stop
刺激的	Stimulating	震惊的	Striking	时尚的	Stylish
高　手	Superior	稳操胜券	Surefire	令人惊讶	Surprising
谢谢你	Thank You	及时的	Timely	真　相	The Truth About
传统的	Traditional	值得信赖的	Trusted	最　终	Ultimate
你　的	Yours	与众不同	Unusual	有用的	Useful
有价值的	Valuable	有需求的	Wanted	警　告	Warning

附录 3

场景说服问题清单

使用这些问题时要谨慎。一个合适的、蕴含感情的问题会引导别人的想法。

检查一下你头脑中的问题是否积极，有时，消极的问题会悄悄混进来！

- 我在进行这场谈话的时候，希望有怎样的感觉？
- 我希望对方有什么样的感受？
- 自私点讲，我的目标是什么？（在这场交易中，我究竟想要什么？）
- 需要多长时间？（我有多少时间？对方有多少时间？）
- 如果说服对象同意我的请求，那我是不是离目标更近了？
- 如果他愿意跟我合作，他的处境会不会更好？
- 有什么要特别注意的吗？（日期、时间、开销等）
- 还需要谁的介入？
- 还有哪些是我不知道的？
- 哪里有可能会出问题？

- 对方可能提出哪些反对意见？
- 我的说服对象最终有可能得到什么好处？
- 真的有必要让其他人介入吗？还是我一个人就能完成？

在你的问题里使用“因为”。“因为”为做或者不做某事提供了一个明确的原因。

提问迫使对方回答。当你问问题的时候，其实就控制了对方的思维过程。你可以通过恰当的问题来控制并引导对方。

模式介入问题。诱导性问题通常以“……不是吗？”或者“……对吗？”结尾。

附录 4

催眠语言模式清单

想要成功地运用这些语言方式，你不仅要关注谈话的内容，更要重视谈话的方式。

运用音调标记和停顿，使你的谈话内容更隐秘。

- 我不会劝你做……
- 你是怎么决定做……
- 你也许想现在……
- 你怎么知道……
- 你不必……
- 为什么有些人……
- 我不知道是否……
- 你愿不愿意看看……
- 有些人……
- 如果你能拥有……
- 如果你能选择……
- 你见没见过……
- 如果我告诉你……你会不会惊讶?
- 想象一下将会发生什么事，如果……

- 你有没有兴趣……
- 如果我有办法……
- 如果你有……会怎么样呢?
- 你也许不知道……
- 我能向你展示……
- 我想知道如果……
- 不要认为……
- 你觉不觉得……

请写出你在隐秘说服别人时将要使用的句子：

____

____

致 谢

我（凯文·霍根）感谢本书的编辑马特·霍尔特先生使全书最终成型。同时，还有很多人为本书的创作提供了灵感，又或是使我能够专心致志地工作。他们是斯科特、卡门·施吕特、德温、雷切尔·黑斯廷斯、梅雷迪思·卡普兰、罗恩·斯塔布斯、米歇尔·德拉姆、托尼亚·瑞曼、托德·布拉姆森、简·斯奈德和谢里尔·博尔登。

我（詹姆斯·斯皮克曼）也对编辑马特·霍尔特表示感谢，并感谢凯文·霍根博士给了我这样一个合作出书的机会；劳拉·基德尔·迪克胡夫负责编辑和校对这本书，付出了辛勤的劳动；我的爸爸妈妈一直给予我无尽的支持；劳拉·斯皮克曼也对我有很大的帮助；雷·赫克萨默是我的良师益友；博恩·崔西给了我莫大的鼓励。

译后记

COVERT PERSUASION

《场景说服的艺术》虽然只有十多万字，翻译起来却不太轻松。因为它把深奥的心理学融入了一本短小精练的书中。

只要是有判断能力的人都会发现，好的学者和好的教授并不能画等号。一个好的学者，可以把学问做得很深，可以把论文做得非常漂亮，可以凭自己的成果夺得大奖……然而，他不一定能把自己懂得的东西传授给别人。而一个好的教授，不但学问要了然于胸，而且可以用深入浅出的语言传授艰涩难懂的道理。本书作者正是将枯涩的心理学理论转化成随手可用的小工具，这个过程凝结着辛勤的工作。

小时候，我对心理学非常好奇，认为学了心理学就能够一下子将人看穿。那时候，幼小的思想里把心理学与魔法画上了等号。随着自己慢慢长大，才发现其实很多人都对心理学感兴趣，想将这门“魔法”学到手。机缘巧合，由于我所学的专业中设置了心理学课程，才知道心理学根本没有你想象中那么神。大堆大堆的理论，大把大把的学者，要想真正应用，恐怕得读过许多本书后才行。也有不少人想一步到位，让我给他推荐几本心理学的书读读，希望通过一两本书就能对自己的生活有所帮助。这个任务着实让我头疼过，因为要想在短期内把心理学理论付诸实践真的不那么容易。可是，在读过《场景说服的艺术》之后，我发现这个想法是可以满足的。

本书的作者其实是理财高手，他将知识与财富完美地结合了起来，让人不禁有一种捡了宝贝的感觉。

“说服”的力量可能已经根本不用我再强调，只是，如何才能说服别人却是每个人都应该必修的一课。说服的确是一门艺术，却不在我们的大学课程里，这多少有点让人遗憾。通过接触这本书，让我彻底扭转了对“推销”这门职业的看法。原以为推销员的工作就是喋喋不休地介绍产品，“央求”你购买他的产品，其实不然，真正的推销大师，能在不知不觉中让你心甘情愿卸甲投降。

人性的软弱、人性的懒惰、人性的胆怯……《场景说服的艺术》一一为你揭示，让你更好地抓住别人的心理，为我所用。不过，前提是你要先克服自身的这些缺点，才能成为寥寥无几脱颖而出的宠儿。

作者一再强调，本书不应该用于不正当、不道德的目的。你明白了吗?

“iHappy 书友会”会员申请表

姓　名（以身份证为准）：__________；性　别：__________；

年　龄：__________；职　业：__________；

手机号码：__________；E-mail：__________；

邮寄地址：__________；邮政编码：__________；

微信账号：__________（选填）

请严格按上述格式将相关信息发邮件至中资海派“iHappy 书友会”会员服务部。

邮　箱：zzhpHYFW@126.com

微信联系方式：请扫描二维码或查找 zzhpszpublishing 关注“中资海派图书”

<table>
<tr><td rowspan="8">优惠订购</td><td colspan="2">订阅人</td><td></td><td>部门</td><td></td><td>单位名称</td><td></td></tr>
<tr><td colspan="2">地址</td><td colspan="5"></td></tr>
<tr><td colspan="2">电话</td><td colspan="3"></td><td>传真</td><td></td></tr>
<tr><td colspan="2">电子邮箱</td><td></td><td>公司网址</td><td></td><td>邮编</td><td></td></tr>
<tr><td>订购书目</td><td colspan="6"></td></tr>
<tr><td rowspan="2">付款方式</td><td>邮局汇款</td><td colspan="5">中资海派商务管理（深圳）有限公司
中国深圳银湖路中国脑库 A 栋四楼　　邮编：518029</td></tr>
<tr><td>银行电汇或转账</td><td colspan="5">户　名：中资海派商务管理（深圳）有限公司
开户行：招行深圳科苑支行
账　号：81 5781 4257 1000 1
交通银行卡户名：桂林　　卡　号：622260 1310006 765820</td></tr>
<tr><td>附注</td><td colspan="6">1. 请将订阅单连同汇款单影印件传真或邮寄，以凭办理。
2. 订阅单请用正楷填写清楚，以便以最快方式送达。
3. 咨询热线：0755-25970306 转 158、168　传　真：0755-25970309 转 825
E-mail: szmiss@126.com</td></tr>
</table>

→利用本订购单订购一律享受九折特价优惠。

→团购 30 本以上八五折优惠。